Impressum
Verlag: BABADADA GmbH, Nedderfeld 112 , 22529 Hamburg
Geschäftsführer / Verlagsleitung: Harald Hof
Druck: Books on Demand GmbH, In de Tarpen 42, 22848 Norderstedt

Imprint
Publisher: BABADADA GmbH, Nedderfeld 112 , 22529 Hamburg, Germany
Managing Director / Publishing direction: Harald Hof
Print: Books on Demand GmbH, In de Tarpen 42, 22848 Norderstedt, Germany

ចកក
дзяліць

186/2

កុដារ
дошка

បន្ទប់រៀន
класны пакой

ទីធ្លាសាលារៀន
школьны двор

គ្រូបង្រៀន
настаўнік

 កូរដាស
папера

បិក
ручка

គុការិយាល័យ
пісьмовы стол

បន្ទាត់
лінейка

សរសេរ
пісаць

សៀវភៅ
кніга

កូនសិស្ស
вучань

សម្ភារៀតសុបកៃ

ранец

ប្រអប់ដាក់ខ្មៅដៃ

пенал

ខ្មៅដៃ

просты аловак

ប្រដាប់ខ្ចងខ្មៅដៃ

тачылка для алоўкаў

ជ័រលុប

гумка

ផ្ទាំងគំនូរ

альбом для малявання

គំនូរ

малюнак

ជក់គូរ

пэндзлік

ប៉ុរអប់ចុនាំលាប

фарбы

កន្ត្រៃ

нажніцы

ការបិទ

клей

សៀវភៅលំហាត់

сшытак

កិច្ចការផ្ទះ

хатняе заданне

12

លេខ

лік

2+2

បូក

дадаваць

5-2

ដក

адымаць

2×2

គុណ

множыць

គណនា

лічыць

A

លិខិត

літара

ABCDEFG
HIJKLMN
OPQRSTU
VWXYZ

អក្ខរក្រម

алфавіт

hello

ពាក្យ

словы

អត្ថបទ

тэкст

អាន

чытаць

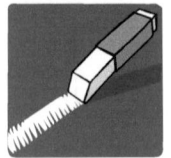

ដីស

крэйда

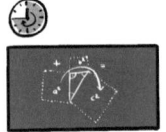

មេរៀន

ўрок

ចុះឈ្មោះ

класны журнал

ការប្រលង

экзамен

វិញ្ញាបនបត្រ

атэстат

ឯកសណ្ឋានសាលា

школьная форма

ការអប់រំ

адукацыя

សព្វវចនាធិប្បាយ

энцыклапедыя

សាកលវិទ្យាល័យ

універсітэт

មីក្រូទស្សន៍

мікраскоп

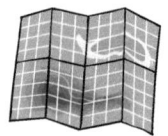

ផែនទី

карта

កន្ត្រករងាក់សំរាមកុដាស

смеццевы кошык

ការធ្វើដំណើរ

падарожжа

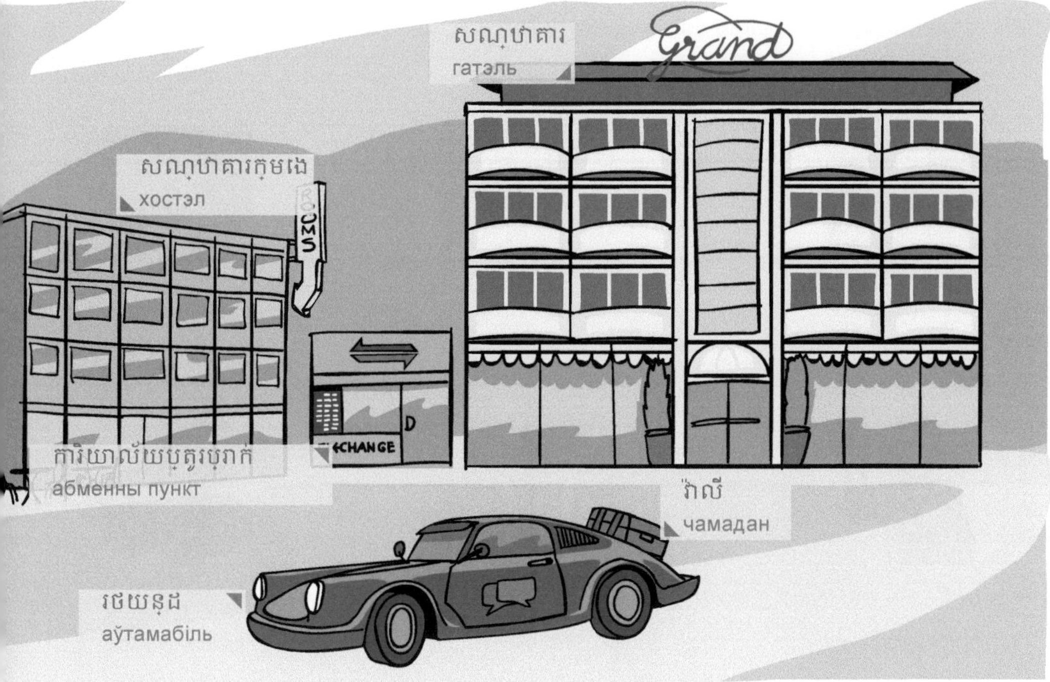

Grand
សណ្ឋាគារ
гатэль
សណ្ឋាគារក្មេង
хостэл
ROOMS
ការិយាល័យប្តូរប្រាក់
абменны пункт
EXCHANGE
វ៉ាលី
чамадан
រថយន្ត
аўтамабіль

ភាសា

мова

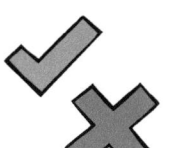

បាទ / ទេ

так / не

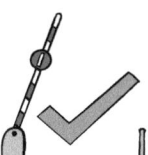

យល់ព្រម

добра

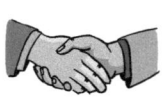

សាយ័ន្តសួស្តី!

прывітанне!

អ្នកបកប្រែ

перакладчык

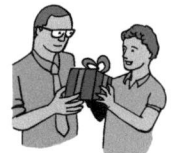

សូមអរគុណ

дзякуй

ចូលប៉ុន្មាន...?

Колькі каштуе....?

ខ្ញុំមិនយល់

я не разумею

បញ្ហា

праблема

ទិវាសួស្តី!

Добры вечар!

អរុណសួស្តី

Добрай раніцы!

រាត្រីសួស្ដី!

Дабранач!

លាហើយ

да пабачэння

ទិសដៅ

кірунак

អីវ៉ាន់

багаж

កាបូប

сумка

កាបូបស្ពាយក្រោយ

заплечнік

ក្មួយរ្ចៀវ

госць

បន្ទប់

пакой

ថង់ដេក

спальны мяшок

តង់

палатка

ព័ត៌មានទេសចរណ៍

....

інфармацыя для турыстаў

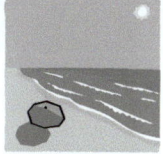

ឆ្នេរ

....

пляж

កាតឥណទាន

....

крэдытная картка

អាហារពេលព្រឹក

....

сняданне

អាហារថ្ងៃត្រង់

....

абед

អាហារពេលល្ងាច

....

вячэра

សំបុត្រ

....

праязны білет

ជណ្តើរយោន្ត

....

ліфт

តែម

....

паштовая марка

ព្រំដែន

....

мяжа

គយ

....

мытня

ស្ថានទូត

....

пасольства

ទិដ្ឋាការ

....

віза

លិខិតឆ្លងដែន

....

пашпарт

ការដឹកជញ្ជូន

транспарт

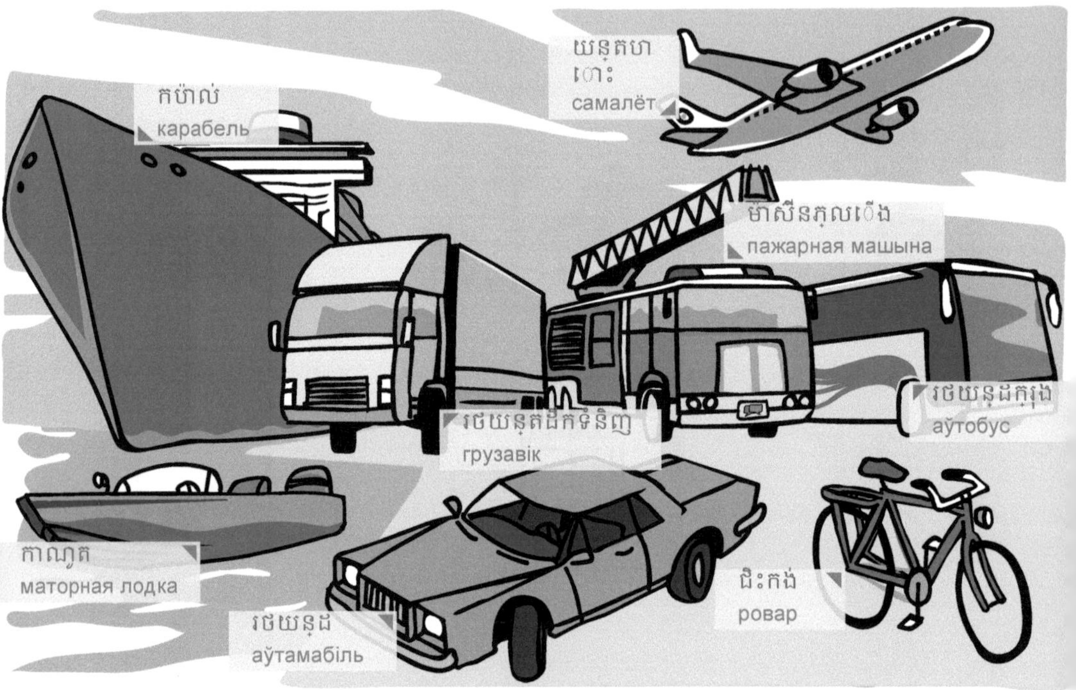

កប៉ាល់
карабель
យន្តហោះ
самалёт
ម៉ាស៊ីនភ្លើង
пажарная машына
រថយន្តក្រុង
аўтобус
រថយន្តដឹកទំនិញ
грузавік
កាណូត
маторная лодка
ជិះកង់
ровар
រថយន្ត
аўтамабіль

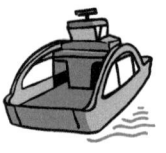

សាឡាង

паром

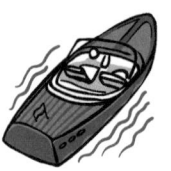

ទូក

лодка

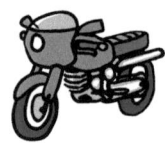

ម៉ូតូ

матацыкл

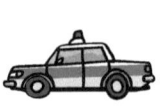

រថយន្តប៉ូលិស

паліцэйская машына

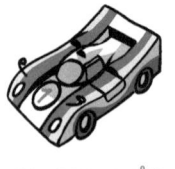

រថយន្តប្រណាំង

гоначны аўтамабіль

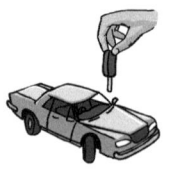

រថយន្តជួល

арэндаваны аўтамабіль

ការចែករំលែករថយន្ត

сумеснае карыстанне аўтамабілем

ម្លានសុទូច

эвакуатар

ម្លានបុរមួលសំរាម

смеццявоз

ម៉ូទ្បឺ

матор

បុរេងឥន្ធនន:

паліва

សុថានីយបុរេង

запраўка

បុលាកសញ្ញាចរាចរណ៍

дарожны знак

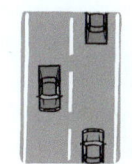

ការធ្វេរឺ្វែចាចរណ៍

дарожны рух

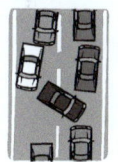

កកស្ទះចរាចរណ៍

затор

ចំណត

паркоўка

សុថានីយរថភ្លេលេ៊ង

чыгуначная станцыя

ផ្លួវដៃកៃ

рэйкі

រថភ្លេលេ៊ង

цягнік

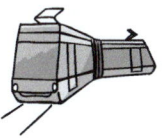

រថអគ្គីសនី

трамвай

ទូរថភ្លេលេ៊ង

вагон

ឧទ្ធម្ភាគចក្រ

верталёт

ពុរលានយន្តហោះ

аэрапорт

ប៉ម

вежа

អ្នកដំណើរ

пасажыр

កុងតឺន័រ

кантэйнер

ករដាសកាតុង

кардонная скрыня

រទេះ

тачка

កញ្ចប់

карзіна

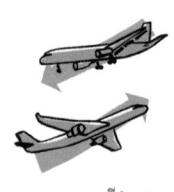

ហោះឡ្បើង / ចុះ

ўзлятаць / прызямляцца

ទីក្រុង

горад

ភូមិ

вёска

កណ្តាលទីក្រុង

цэнтр горада

ផ្ទះ

дом

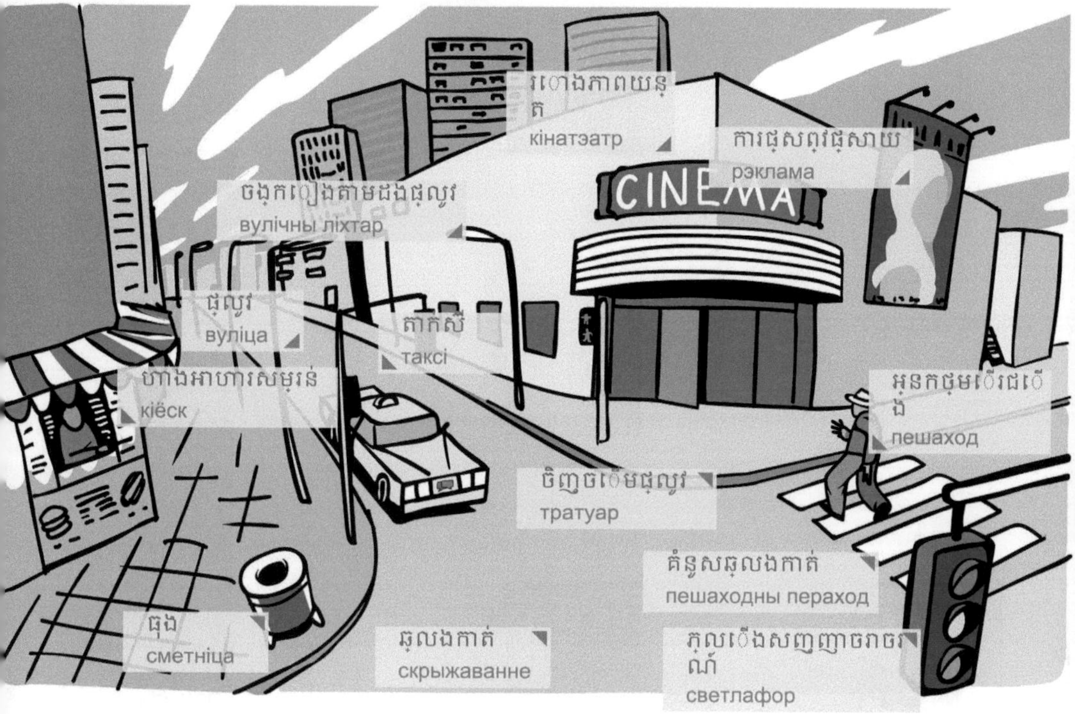

រោងភាពយន្ត
кінатэатр
ការផ្សព្វផ្សាយ
рэклама
CINEMA
ចង្កៀងតាមដងផ្លូវ
вулічны ліхтар
ផ្លូវ
вуліца
តាក់ស៊ី
таксі
ហាងអាហារសម្រន់
кіёск
អ្នកថ្មើរជើង
пешаход
ចិញ្ចើមផ្លូវ
тратуар
គំនូសឆ្លងកាត់
пешаходны пераход
ធុង
сметніца
ឆ្លងកាត់
скрыжаванне
ភ្លើងសញ្ញាចរាចរណ៍
светлафор

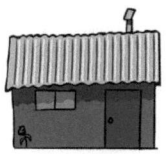

ខ្ទម

халупа

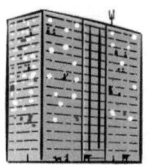

ផ្ទះល្វែង

кватэра

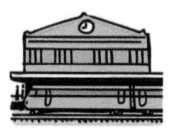

ស្ថានីយរថភ្លើង

чыгуначная станцыя

សាលាក្រុង

ратуша

MUSEUM

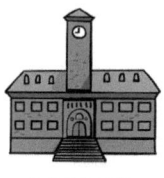

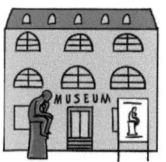

សារមន្ទីរ

музей

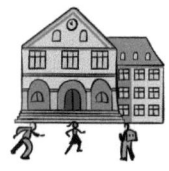

សាលារៀន

школа

សាកលវិទ្យាល័យ

універсітэт

ធនាគារ

банк

មន្ទីរពេទ្យ

шпіталь

សណ្ឋាគារ

гатэль

ឱសថស្ថាន

аптэка

ការិយាល័យ

офіс

ហាងលក់សៀវភៅ

кнігарня

ហាង

крама

ហាងផ្កា

кветкавая крама

ផ្សារទំនើប

супермаркет

ទីផ្សារ

кірмаш

ហាងទំនិញ

універмаг

ហាងលក់ត្រី

рыбная крама

មជ្ឈមណ្ឌលផ្សារទំនើ
ប

гандлевы цэнтр

កំពង់ផែ

порт

ទីក្រុង - горад

ឧទ្យាន

парк

បង្គ

лава

ស្ពាន

мост

ជណ្តើរខ្លី

лесвіца

ផ្លូវក្រោមដី

метро

ផ្លូវរូងក្រោមដី

тунэль

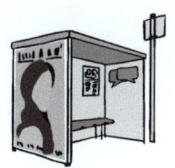

ចំណតរថយន្តដក្រុង

прыпынак

ហារ

бар

ភោជនីយដ្ឋាន

рэстаран

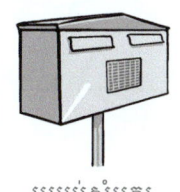

ប្រអប់សំបុត្រ

паштовая скрыня

សញ្ញាតាមដងផ្លូវ

вулічны паказальнік

ឧបករណ៍បូម្មេលចូលចំណត

паркамат

សួនសត្វ

заапарк

អាងហាលែទឹក

басейн

វិហារអ៊ីស្លាម

мячэць

កសិដ្ឋាន

សядзіба

ការបំពុល

забруджванне
навакольнага асяроддзя

វាលកប់ខ្មោច

могілкі

ព្រះវិហារ

царква

គ្រឿងអេលិកុមដេលេង

пляцоўка для гульні

បុរសាទ

храм

ទេសភាព

краявід

ស្លឹក
ліст

សញ្ញាបូរប៉ាប់ទិសដៅ
паказальнік

ផ្លូវ
дарога

វាលស្មៅ
луг

ដុំថ្ម
камень

ដើមឈើ
дрэва

អ្នកបូរ៉េងភ្នំ
падарожнік

ទន្លេ
рака

ស្មៅ
трава

ផ្កា
кветка

ជ្រលងភ្នំ

даліна

កូនភ្នំ

гара

បឹង

возера

ព្រៃឈើ

лес

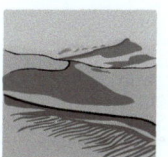

វាលខ្សាច់

пустыня

ភ្នំភ្លើង

вулкан

គ្រោះកូរបី

замак

ផ្កាយព្រឹក

вясёлка

ផ្សិត

грыб

ដើមត្នោត

пальма

មូស

камар

រុយ

муха

ស្រមោច

мурашка

សត្វឃ្មុំ

пчала

ពីងពាង

павук

សត្វកញ្ចៃ
ជុក

កង្កែប
жаба

កំប្រុក
вавёрка

សត្វកាំបុរមា
вожык

ទន្សាយស្លឹក
заяц

សត្វទីទុយ
сава

បក្សី
птушка

ហង្ស
лебедзь

ជ្រូក
дзік

សត្វក្តាន់
алень

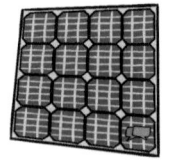

សត្វក្តាន់
лось

ទំនប់
плаціна

កង្ហារខ្យល់
вятрак

បន្ទះស្ងួ្យា
сонечная батарэя

អាកាសធាតុ
клімат

ទេសភាព - краявід

ភោជនីយដ្ឋាន

рэстаран

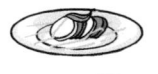

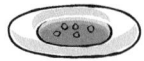

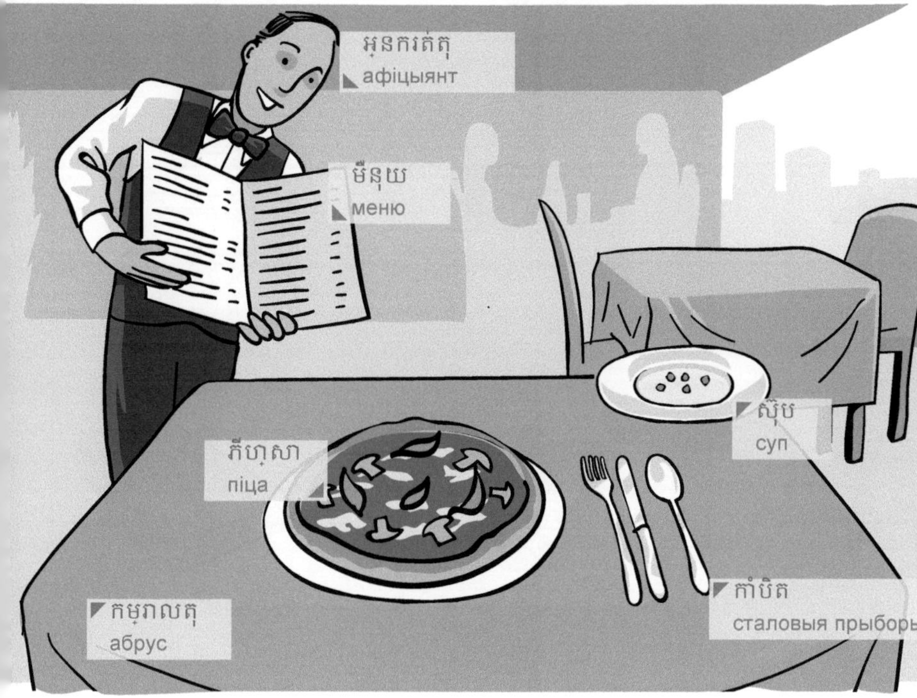

អ្នករត់តុ
афіцыянт
ម៉ឺនុយ
меню
កៅអី
крэсла
ស៊ុប
суп
ភីហ្សា
піца
កាំបិត
сталовыя прыборы
កម្រាលតុ
абрус

អាហារសម្រន់

закуска

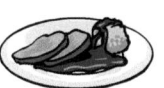

អាហារសំខាន់

другая страва

បង្អែម

дэсерт

ភេសជ្ជៈ

напоі

អាហារ

ежа

ដប

бутэлька

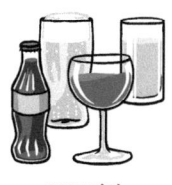

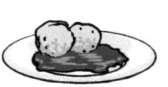

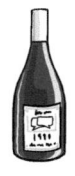

អាហារហ័ស

хуткае харчаванне (фаст-
фуд)

អាហារតាមផ្លូវ

стрыт-фуд

ប៉ាន់តែ

імбрык (чайнік)

បូរអប់ស្ករ

цукарніца

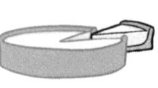

ចំណែក

порцыя

ម៉ាស៊ីនតុងកាហ្វេអេិចសុ៊ពុរេ
ស្ស

эспрэса-машына

កៅអ៊ីខុពស់

дзіцячае крэселка

វិក្កយបត្រ

рахунак

ថាស

паднос

កាំបិត

нож

សម

відэлец

ស្លាបព្រា

лыжка

ស្លាបព្រាកាហ្វេ

чайная лыжка

កន្សែងជូតខ្លួន

сурвэтка

កែវ

шклянка

ចានទាប

талерка

ចានស៊ុប

супавая талерка

ចានទួរនាប់

сподак

ទឹកជ្រលក់

соус

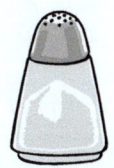

ដបអំបិល

сальніца

ប្រដាប់កិនម្រេច

млынок для перцу

ទឹកខ្មេះ

воцат

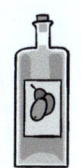

ប្រេង

алей

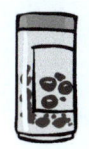

គ្រឿងទេស

спецыі

ទឹកប៉េងប៉ោះ

кетчуп

ម៉ូតាក

гарчыца

ទឹកមយ៉ូណេ

маянэз

ផ្សារទំនើប

супермаркет

ការផ្តល់ជូនពិសេស
акцыя
FOR
អតិថិជន
пакупнік
ទឹកដោះគោ
малочныя прадукты
ផ្លែឈើ
садавіна
រទេះរុញ
вазок

BUTCHERS

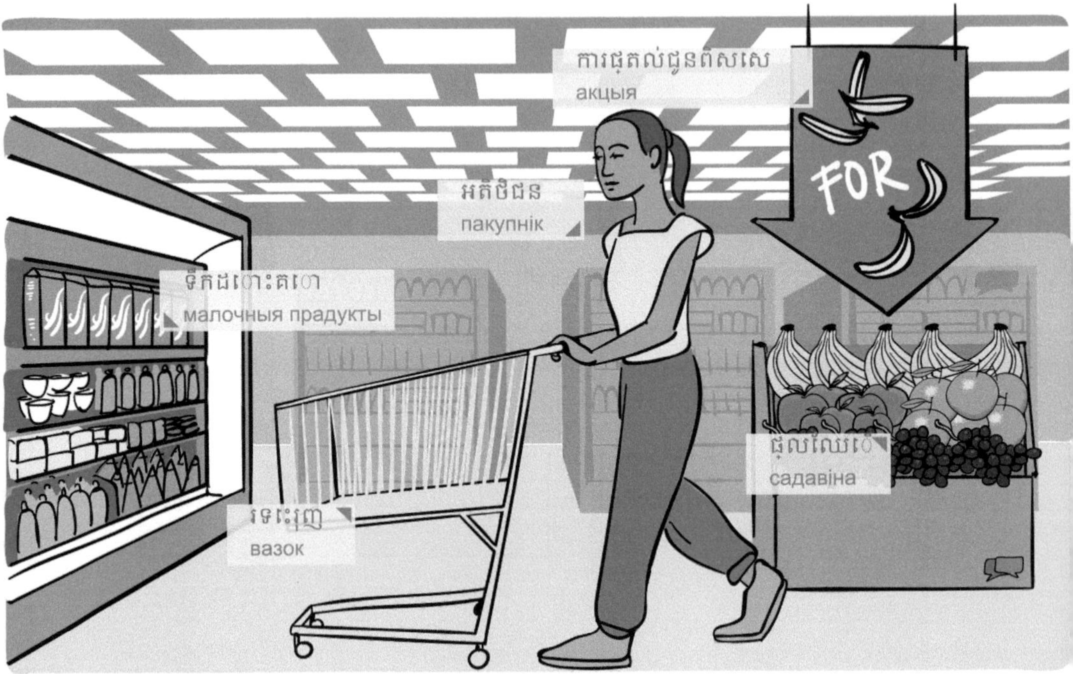

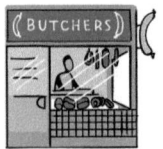

ហាងកាប់ជ្រូក

мясная крама

BAKERY

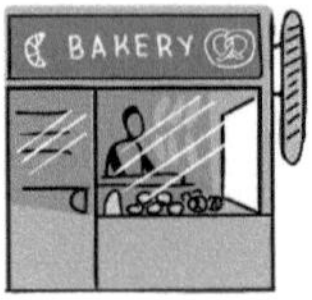

ហាងដុតនំ

хлебны магазін

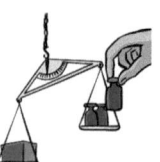

ថ្លឹង

важыць

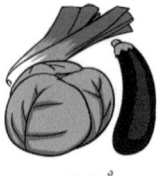

បន្លែ

гароднiна

សាច់

мяса

អាហារកកលាស្រស់

свежазамарожаныя прадукты

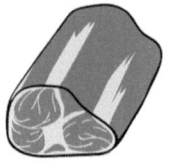

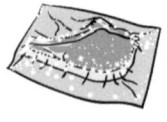

សាច់កុលាសរ

нарэзка

អាហារកំប៉ុង

кансервы

មុសទៅលាង

пральны парашок

សុអរគុរប់

прысмакі

ផលិតផលកុនុងគ្រួសារ

хатнія прылады

ផលិតផលសមុអាត

чысцячы сродак

អនកលក់

прадавец

ថតដាក់លុយ

каса

បង្ខោ

касір

បញជីទិញទំនិញ

спіс пакупак

ម៉ោងធុរឿការ

гадзіны працы

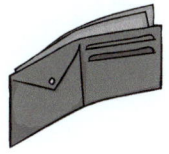

កាបូបលុយបុរស

бумажнік

កាតឥណទាន

крэдытная картка

ថង់

сумка

ថង់បុលាសុទិច

пакет

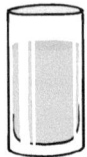

ទឹក

вада

ទឹកផ្លែឈើ

сок

ទឹកដោះគោ

малако

កូកាកូឡា

кола

ស្រា

віно

ស្រាបៀរ

піва

គ្រឿងស្រវឹង

алкаголь

កាកាវ

какава

តែ

гарбата (чай)

កាហ្វេ

кава

កាហ្វេអ៊ិចស្ព្រេ

эспрэса

កាហ្វេកាពូឈីណូ

капучына

ចេក

банан

ផ្លែប៉ោម

яблык

ផ្លែក្រូច

апельсін

ឪឡឹក

дыня

ក្រូចឆ្មា

лімон

ការ៉ុត

морква

ខ្ទឹម

часнок

ឫស្សី

бамбук

ខ្ទឹមបារាំង

цыбуля

ផ្សិត

грыб

គ្រាប់ផ្លែឈើ

арэхі

មី

локшына

មីអ៊ីតាលី

спагеці

ហាយ

рыс

សាឡាត់

салата

ដំឡូងចៀន

бульба фры

ដំឡូងចៀន

смажаная бульба

ភីហ្សា

піца

ប៊ឺហ្គឺ

гамбургер

សាំងវិច

бутэрброд

សាច់ជាប់ឆ្អឹងជំនី

шніцаль

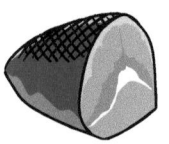

ហាំ

вяндліна

សាឡាមី

салямі

សាច់ក្រក

каўбаса

សាច់មាន់

курыца

អាំង

смажаніна

ត្រី

рыбак

អាវ៉ែនបបរ

аўсяныя камякі

មុឃ្យសុលី

мюслі

ដំឡូងចំណិត

кукурузныя шматкі

មុសទៅ

мука

នំគ្រួសង់

круасан

នំប៉័ងមុយ៉ាងមូលតូចៗ

булачка

នំប៉័ង

хлеб

អាំង

тост

នំប៊ីស្គី

пячэнне

ប៊ីរ

масла

ទឹកដោះខាប់

тварог

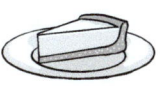

នំខេ

пірог

ស៊ុត

яйка

ស៊ុតចៀន

яечня

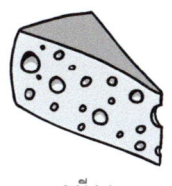

ឈីស

сыр

ការ៉េម
....
марожанае

ស្ករ
....
цукар

ទឹកឃ្មុំ
....
мёд

ដំណាប់
....
варэнне

កូរមែតាំងម៉ៃ
....
нуга

ការី
....
кары

កសិដ្ឋាន

сядзіба

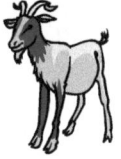

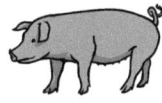

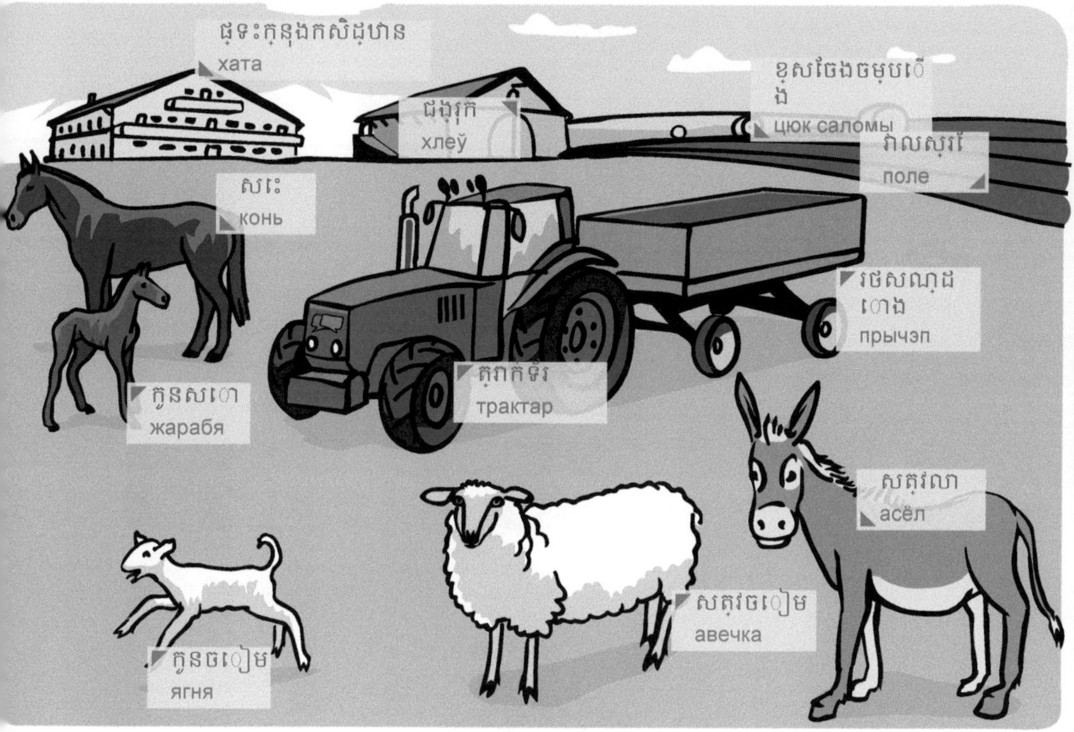

ផ្ទះក្នុងកសិដ្ឋាន
хата
ជង្រុក
хлеў
ខ្សែចងចម្បើង
цюк саломы
វាលស្រែ
поле
សេះ
конь
រថសណ្ដោង
прычэп
ត្រាក់ទ័រ
трактар
កូនសេះ
жарабя
សត្វលា
асёл
សត្វចៀម
авечка
កូនចៀម
ягня

ពពែ

каза

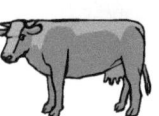

គោញី

карова

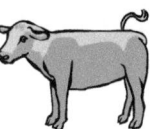

កូនគោ

цяля

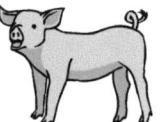

ជ្រូក

свіння

កូនជ្រូក

парася

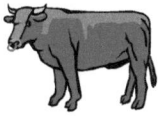

គោឈ្មោល

бык

សត្វក្ងាន

гусак

ទា

качка

កូនមាន់

кураня

មមោន់

курыца

មាន់ឈ្មោល

певень

កណ្តុរ

пацук

ឆ្មា

кот

កណ្តុរប្រមេះ

мыш

គោឈ្មោល

вол

ឆ្កែ

сабака

ផ្ទះឆ្កែ

сабачая будка

ទុយោទឹក

садовы шланг

ធុងស្រោចទឹក

палівачка

ខ្វែបក

каса

នង្គ័ល

плуг

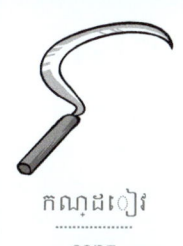

កណ្ដុរៀរ

серп

ចបកាប់

матыка

រនាស់

вілы для гною

ពូថៅ

сякера

រទេះរុញ

тачка

សុន្ទក

карыта

កំប៉ុងទឹកដោះគោ

бітон для малака

ហារ

мех

របង

плот

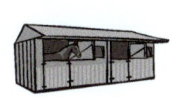

កូរៀល

хлеў

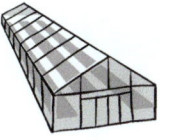

ផ្ទះកញ្ចក់

цяпліца

ដី

глеба

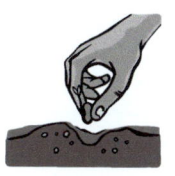

គ្រាប់ពូជ

насенне

ជី

угнаенне

ម៉ាសីនប្រមូលផល

камбайн

បុរមូលផល

збіраць ураджай

ការបុរមូលផល

ураджай

ដំឡូងជួក

ямс

សួរវសាលី

пшаніца

សណ្ដែកកេសៀង

соя

ដំឡូងជួក

бульба

ពពោត

кукуруза

គុរាប់បុរងៃរបៃ

рапс

ដេើមឈេីហូ្យបផុលៃ

садовае дрэва

ដំឡូងម៉ី

маніёк

ចញ្ញជាតិ

збожжа

កសិដុហាន - сядзіба

ДОМ

បំពង់ផ្សែង
комін

ដំបូល
дах

ទរបងហ្ងរទឹក
вадасцёк

បង្អួច
акно

ហ្គារាស
гараж

កណ្ដឹងទ្វារ
званок

ទ្វារ
дзверы

ធុងសំរាម
вядро для смецця

ប្រអប់សំបុត្រ
паштовая скрыня

សួនច្បារ
сад

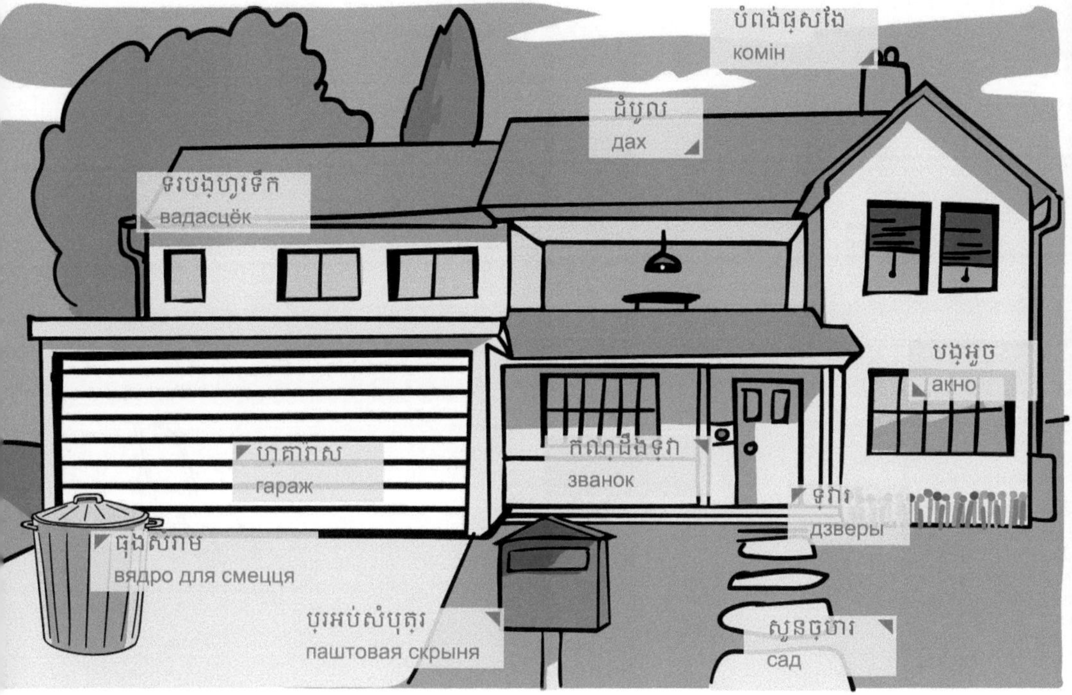

បន្ទប់ទទួលភ្ញៀវ
жылы пакой

បន្ទប់ទឹក
ванная

ផ្ទះបាយ
кухня

បន្ទប់គេង
спальны пакой

បន្ទប់របស់កុមារ
дзіцячы пакой

បន្ទប់ទទួលទានអាហារ
сталоўка

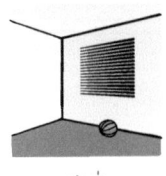

ជាន់

падлога

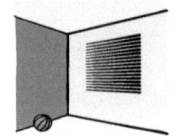

ជញ្ជាំង

сцяна

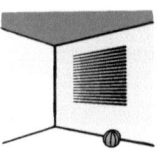

ពិដាន

столь

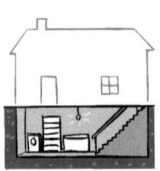

បន្ទប់ក្រោមដី

падвал

សូណា

саўна

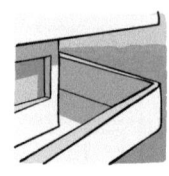

យ៉រ

балкон

ផ្ទៃរាបស្មើនៅជមុរាលក្នុំ

тэраса

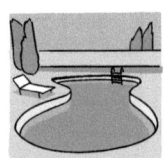

អាងហែលទឹក

басейн

ម៉ាស៊ីនកាត់ស្មៅ

касілка

សន្លឹក

падкоўдранік

កម្រាលគ្រែដេក

коўдра

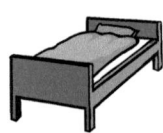

គ្រែ

ложак

អំបោស

венік

ធុង

вядро

កុងតាក់

выключальнік

បន្ទប់ទទួលភ្ញៀវ

жылы пакой

ផ្ទាំងរូបភាព
шпалеры
រូបភាព
малюнак
ចង្កៀង
лямпа
ធ្នើ
паліца
ទូដាក់ចាន
шафа
ទូរទស្សន៍
тэлевізар
ជើងក្រានកម្ដៅផ្ទះ
камін
ផ្កា
кветка
ខ្នើយ
падушка
សាឡុង
канапа
ថូ
ваза
ការបញ្ជាពីចម្ងាយ
пульт

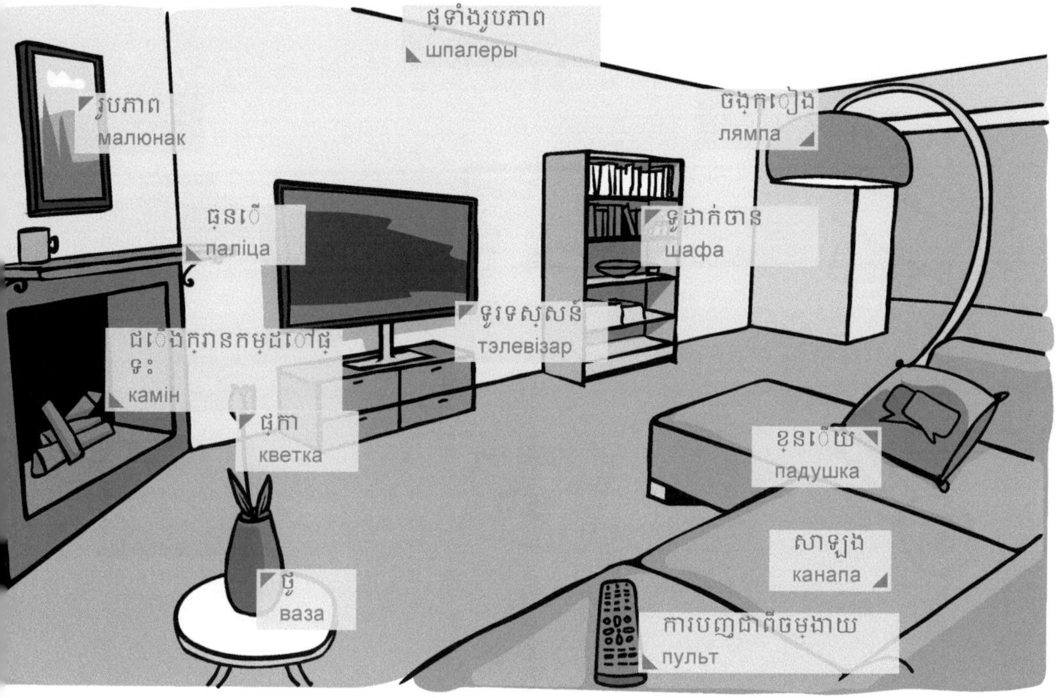

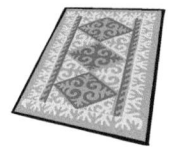

កម្រាលព្រំ

дыван

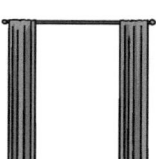

វាំងនន

фіранка

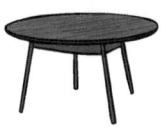

តុ

стол

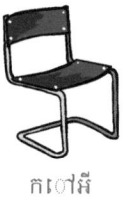

កៅអី

крэсла

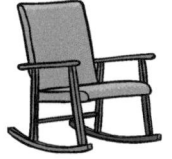

កៅអីប៉ាក់ប៉ើក

крэсла-качалка

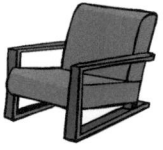

កៅអីភ្នាក់ដៃ

крэсла

សៀវភៅ

кніга

ភួយ

коўдра

ការតុបតែង

дэкарацыя

អុសដុត

дровы

ខុសភាពយន្ត

кіно

ឧបករណ៍ Hi-Fi

стэрэасістэма

កូនសោ

ключ

កាសែត

газета

តំនូរ

карціна

ផ្ទាំងរូបភាព

постар

វិទ្យុ

радыё

ណូតផតេ

нататнік

ម៉ាស៊ីនបូមធូលី

пыласос

ដំបងយកុស

кактус

ទៀន

свечка

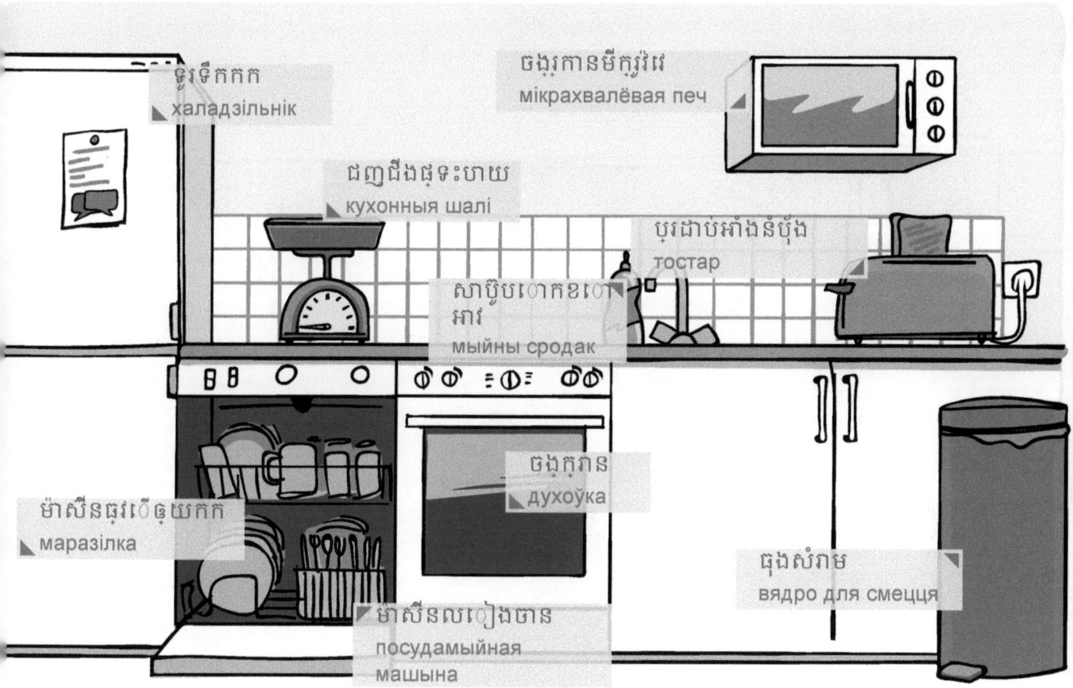

ទូរទឹកកក
халадзільнік

ជញ្ជីងផ្ទះបាយ
кухонныя шалі

ចង្ក្រានមីក្រូវ៉េ
мікрахвалёвая печ

បុរដាប់អាំងនំប៉័ង
тостар

សាប៊ូបោកខោ
អាវ
мыйны сродак

ម៉ាស៊ីនធុរវើធុយកក
маразілка

ចង្ក្រាន
духоўка

ធុងសំរាម
вядро для смецця

ម៉ាស៊ីនលាងចាន
посудамыйная
машына

ចង្ក្រាន
....
пліта

ឆ្នាំង
....
рондаль

ឆ្នាំងដកែ
....
чыгунок

ខ្ទះ / ខ្ទះវណ្ឌោ
....
Вок / кадаі

ខ្ទះ
....
патэльня

កំសៀរ
....
чайнік

ឆ្នាំងចំហុយ

параварка

ថាសដុតនំ

бляха

គ្រឿងចានឆ្នាំងដ៏

посуд

ថ្មី

кубак

ចានគោម

міска

ចង្កឹះ

палачкі для ежы

វែកសមុល

чарпак

វែកកូរ

лапатачка

បុរោប៉ាយកូរឡ្យក

збівалка

តម្រង

сіта для варэння

កន្តុរង

сіта

បុរោប៉កោសដូង

тарка

គុហាល់

ступка

ការអាំងសាច់

грыль

ចង្ក្រានចំហា

вогнішча

ជុរញ៉
дошка

បុរដាប់កិនមូរ
качалка

បុរដាប់មូររបើកឆ្នុកសុរា
штопар

កំប៉ុង
бляшанка

បុរដាប់បបើកកំប៉ុង
адкрывалка

ករណាត់ទុករប់ឆ្នាំង
прыхваткі

កន្សុលដែលាងចាន
ракавіна

ជក់
шчотка

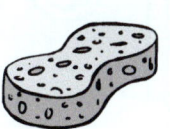

អប់ប៉ង
губка

ម៉ាសុីនកុរឡ្ប្យក
міксер

ទូរទឹកកកខុនាតតូច
маразільная камера

ដបទឹកដពោះគពោ
бутэлечка

រូ៉បីណាេ
вадаправодны кран

បន្ទប់បង្គន់

ванная

កម្មជេ(?)
ручнiковы сушыцель

ផ្កាឈូក
душ

កន្សែង
ручнiк

រាំងននុងតងទឹកផ្កាឈូក
штора для душа

ការងូតទឹកពពុះ
пенная ванна

អាងងូតទឹក
ванна

ម៉ាស៊ីនបោកគក់
мыйная машына

កវែ
шклянка

រូបីណា
вадаправодны кран

ករទ្បាកុបរៀច
плiтка

ចានបង្គន់
начны гаршчок

កន្សែងលាងចាន
ракавiна

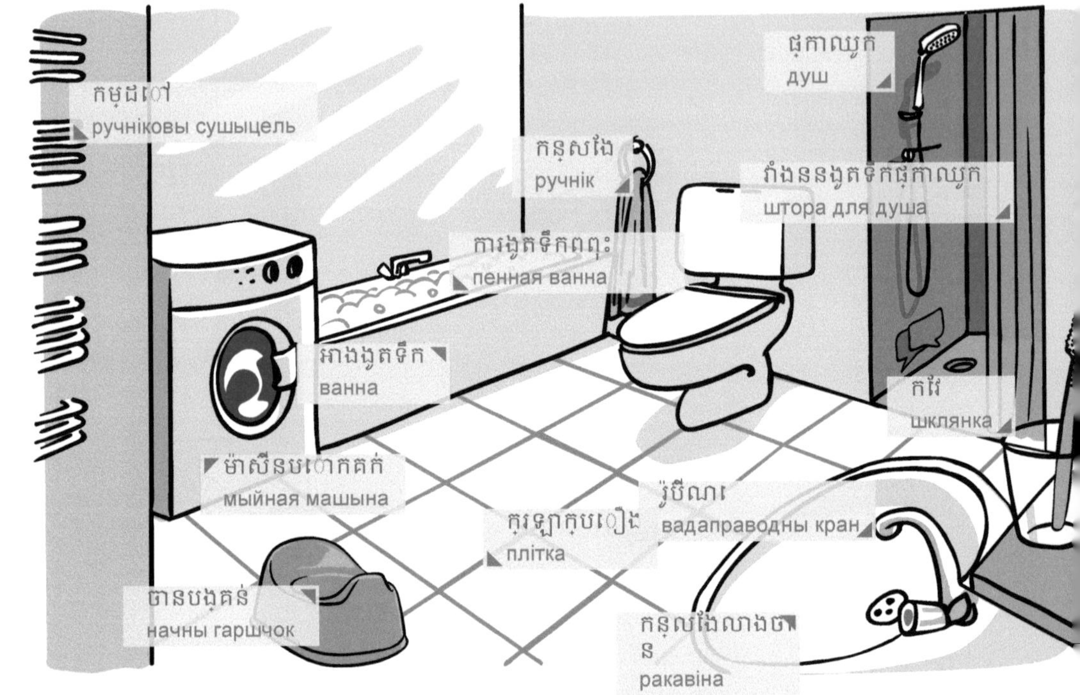

បង្គន់

туалет

បង្គន់អង្គុយ

падлогавы ўнiтаз

ផរៀងធម្មះកាយ

бiдэ

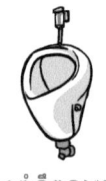

កុលាទឹកនរោម

пiсуар

ករដាសបង្គន់

туалетная папера

ច្រុសដុសបង្គន់ន

шчотка для чысткi ўнiтаза

ចុុរសដុុសធ្មេញ

зубная шчотка

ថ្នាំដុុសធ្មេញ

зубная паста

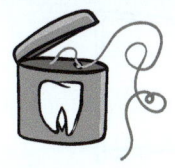

ខ្សទៅក់សម្អាតធ្មេញ

зубная нітка

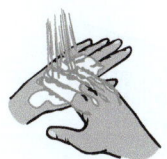

លាង

мыць

ប្ុរដាប់ដាក់ដផ្ដៃកាឡ្ុ៉ក

ручны душ

ទឹកថ្នាំសម្រាប់ហាញ់លាង

інтымны душ

អាង

умывальнік

ចុុរសដុុសខ្ុនង

шчотка для спіны

សាប៊ូ

мыла

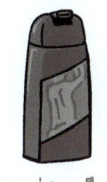

ដលៃសម្រាប់ង្ងួតទឹកផ្ុកាឡ្ុ៉

гель для душа

សាប៊ូ

шампунь

សក្ុលាត

вяхотка

បំពង់បង្ហ្ុរទឹក

вадасцёк

ក្ុរម៉ែ

крэм

ថ្នាំបំហាត់ក្ុលិនអាក្ុរក់

дэзадарант

កញ្ចក់

люстэрка

កញ្ចក់ជៃ

касметычнае люстэрка

ឬដោបកោរ

станок для галення

ហ្វូមកោរពុកមាត់

пена для галення

ទឹកលាងកូរោយកោរពុកម
ាត់ចិ

ласьён пасля галення

ក្រវ៉ាស

грэбень

ជក់

шчотка

ឬដោបសម្ងួតសក់

фен

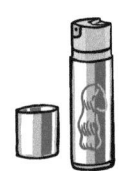

ស្ពុរាយបាញ់សក់

лак для валасоў

ការតុបតៃងមុខ

касметыка

ក្រមេលាបមាត់

памада

ថ្នាំលាបក្រចក

лак для пазногцяў

រោមកបុហាស

вата

កន្ត្រៃកាត់ក្រចក

манікюрныя нажніцы

ទឹកអប់

духі

ការូបបពេកតក់

касметычка

លាមក

табурэтка

ជញ្ជីងចុលឹងទម្ងង់

вагі

អារពោក់ងួតទឹក

лазневы халат

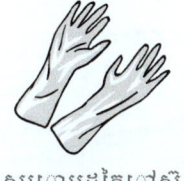

សុរពោមដកៃពៅស្ពៀ

санітарныя пальчаткі

ឆ្នុក

тампон

កនុសដងអនាម័យ

гігіенічныя пракладкі

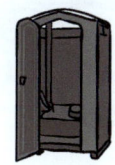

បង្គន់គីម័

біятуалет

បន្ទប់របស់កុមារ

дзіцячы пакой

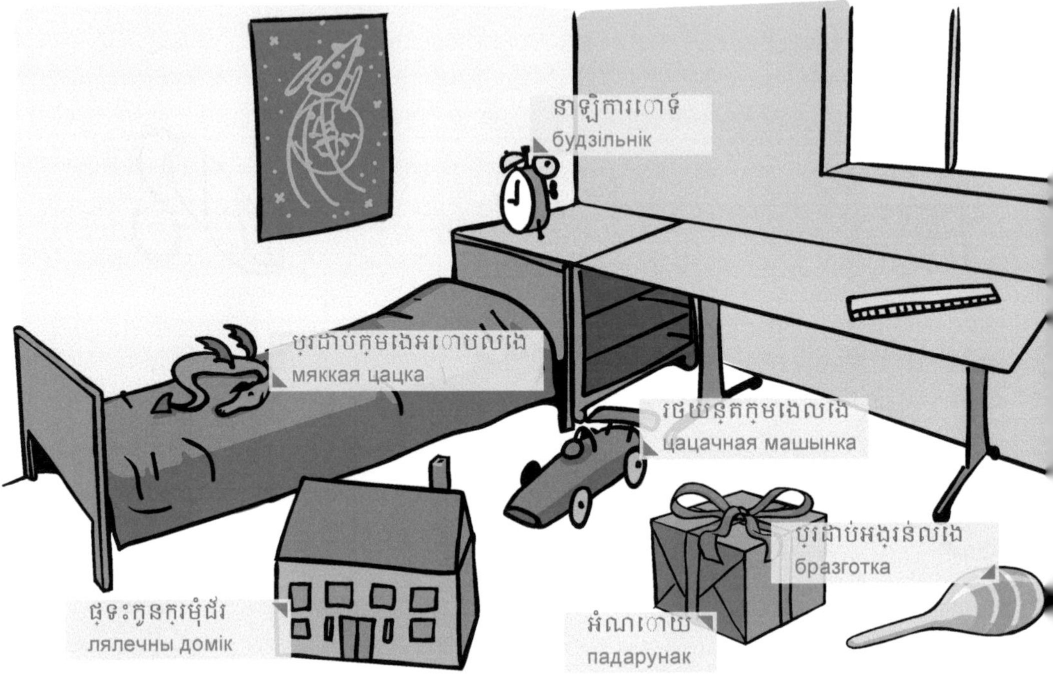
នាឡិការោទ៍
будзільнік
ប្រដាប់ក្មេងអោបលេង
мяккая цацка
រថយន្តក្មេងលេង
цацачная машынка
ប្រដាប់អង្រន់លេង
бразготка
ផ្ទះកូនក្រមុំជ័រ
лялечны домік
អំណោយ
падарунак

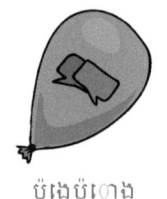

ប៉េងប៉ោង

надзіманы шарык

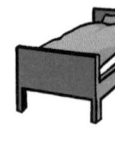

គ្រែ

ложак

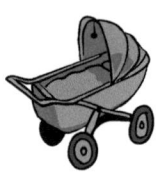

រទេះរុញទារក

дзіцячая каляска

ហ៊ូបៀ

калода картаў

រូបផ្គុំ

пазл

SUPER MEGA

កំប្លែង

комікс

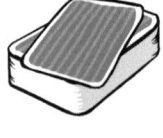

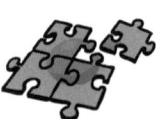

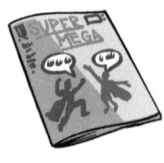

ឥដ្ឋ Lego

канструктар "Лега"

បុលុកបុរដោប់កុមងេលងេ

канструктар

តូលខេសកម្មភាព

экшэн-фігурка

ខោអាវទារក

дзіцячы гарнітур

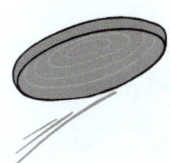

ការគប់ចាស

фрызбі

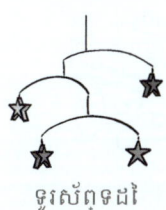

ទូរស័ព្ទឌៃ

дзіцячы мабіль

កុតារលេបងេ

настольная гульня

គុរប់ឡ្បកឡ្បាក់

кубік

ឈុតរថភ្លេលេ៊ងគំរ

дзіцячая чыгунка

រូបសំណាក

пустышка

គណបកុស

дзіцячае свята

សរ្បៀវភេ្បៅវបភាព

кніга з малюнкамі

ហាល់

мячык

កូនកុរម្បុំគុកុកតា

лялька

លងេ

гуляцца

ណុងទៅខ្សាច់

пясочніца

ទ្រេង

арэлі

បុរដាប់កុមងេលងេ

цацкі

កុងស្វលវីដអ្វេហ្គតម

гульнявая відэа прыстаўка

គ្រីចក្ររយានយន្ត

трохколавы ровар

តុកុកតាខុលាយុម៉ុ

плюшавы мішка

ទួខទោអារ

шафа

សុរទោមជេ៎ង

шкарпэткі

ស៊ុរទោមជេ៎ងវ៎ង

панчохі

ខទោមុរនាប់នារ៎

калготкі

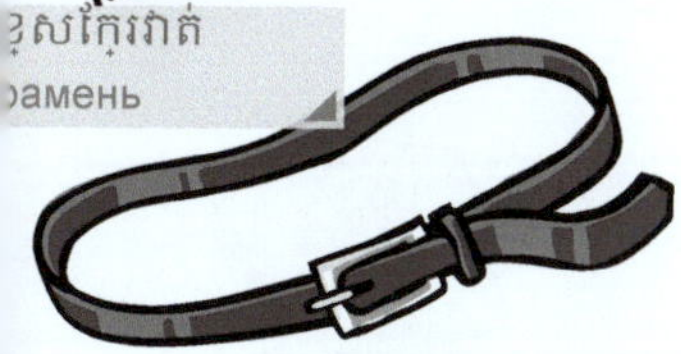

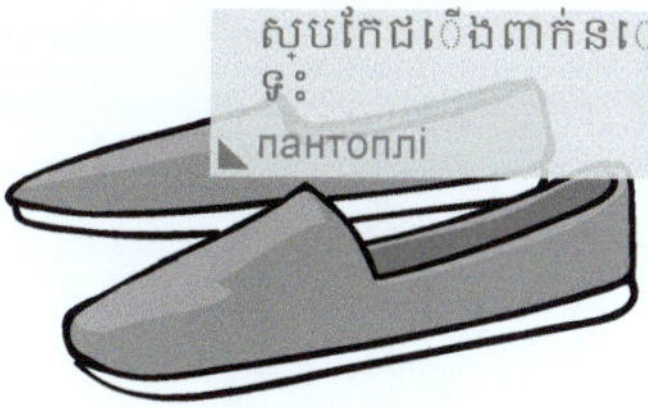

កន្សែង
шалік

ខ្សែក្រវាត់
рамень

ឆ័ត្រ
парасон

អាវយឺត
цішотка

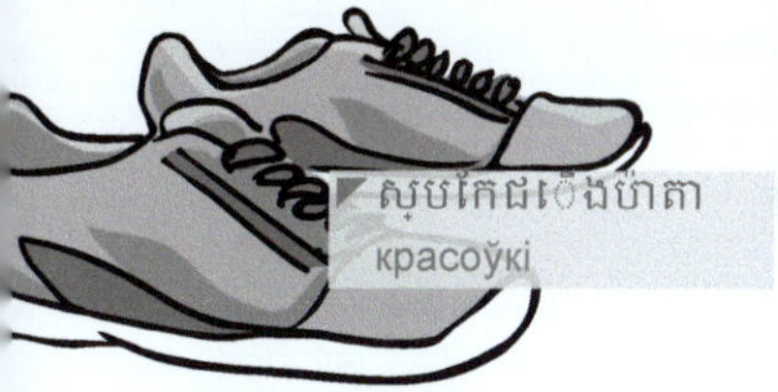

សុបកែជឺងប៉ាតា
красоўкі

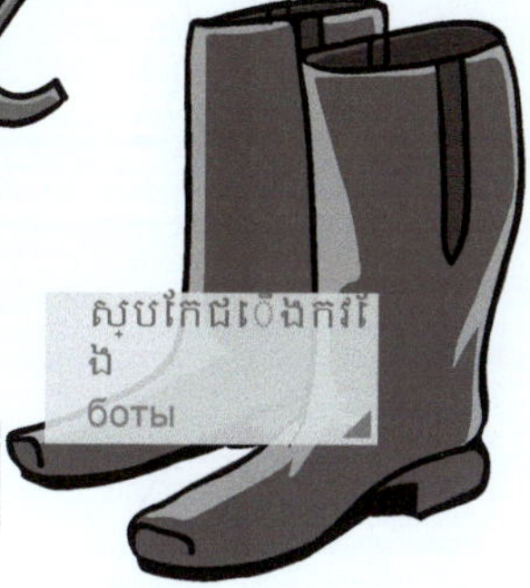

សុបកែជឺងវែង
боты

សុបកែជឺងពាក់នៅផ្ទះ
пантоплі

សុបកែជឺងសង្រែក
сандалі

សុបកែជឺង
абутак

សុបកែជឺងករវែកពៅស្លុ
гумовыя боты

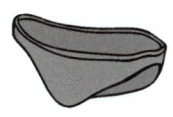

ខោទ្រនាប់បុរស
трусы

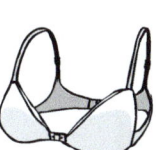

អាវទ្រនាប់
бюстгальтар

អាវកាក់
майка

រាងកាយ

бодзі

ខោវែង

штаны

ខោខូវប៊យ

джынсы

សំពត់

спадніца

អាវក្រៅ

блузка

អាវ

кашуля

អាវយឺត

джэмпер

អាវយឺត

талстоўка

អាវធំ

блэйзер

អាវក្រៅ

куртка

អាវធំ

паліто

អាវភ្លៀងរៀង

дажджавік

គុររៀងតវែ

касцюм

អាវរៃ

сукенка

សំលៀកបំពាក់អាពាហ៍ពិពាហ៍

вясельная сукенка

ខោអាវឈុត

касцюм

រ៉ូបរាត្រី

начная сарочка

ឈុតគេង

піжама

សារី

сары

កន្សែងជូតក្បាល

хустка

ឆ្នួត

цюрбан

សុបម៉ុខ

паранджа

kaftan

каптан

abaya

Абая

ឈុតហាលែទឹក

купальнік

ខោខ្លី

плаўкі

ខោខ្លី

шорты

ឈុតហាត់កីឡា

спартыўны касцюм

អាវអៀម

фартух

ស្រោមដៃ

пальчаткі

សម្លៀកបំពាក់ - адзенне

47

ឡ្បេអារ

гузік

វ៉ែនតា

акуляры

ខ្សដៃ

бранзалет

ខ្សកែ

каралі

ចិញ្ចៀន

кальцо

កុវិល

завушніца

មួក

кепка

ប្រដាប់ព្យួរអាវកុវេៅ

вешалка

មួក

капялюш

កុវ៉ាត់ក

гальштук

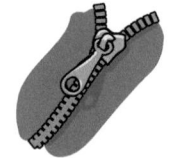

រូត

маланка

មួកសុវត្ថិភាព

шлем

ខ្សវ៉ៃ

падцяжкі

ឯកសណ្ឋានសាលា

школьная форма

ឯកសណ្ឋាន

уніформа

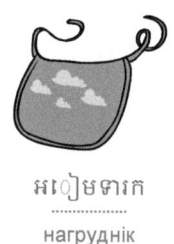

អៀមទារក

нагруднік

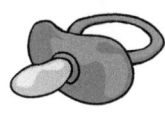

រូបសំណាក

пустышка

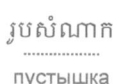

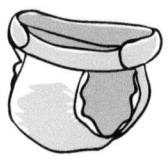

ខោទឹកនោម

падгузнік

ការិយាល័យ

офіс

ម៉ាស៊ីនមេ
сервер
ទូឯកសារ
канцылярская шафа
ម៉ាស៊ីនបោះពុម្ព
прынтэр
ក្រដាស
папера
ម៉ូនីទ័រ
манітор
តុការិយាល័យ
пісьмовы стол
កណ្តុរ
мыш
ស៊ីឌី
тэчка
ក្តារចុច
клавіятура
កន្ត្រកដាក់សំរាមក្រដាស
смеццевы кошык
កុំព្យូទ័រ
кампутар
កៅអី
крэсла

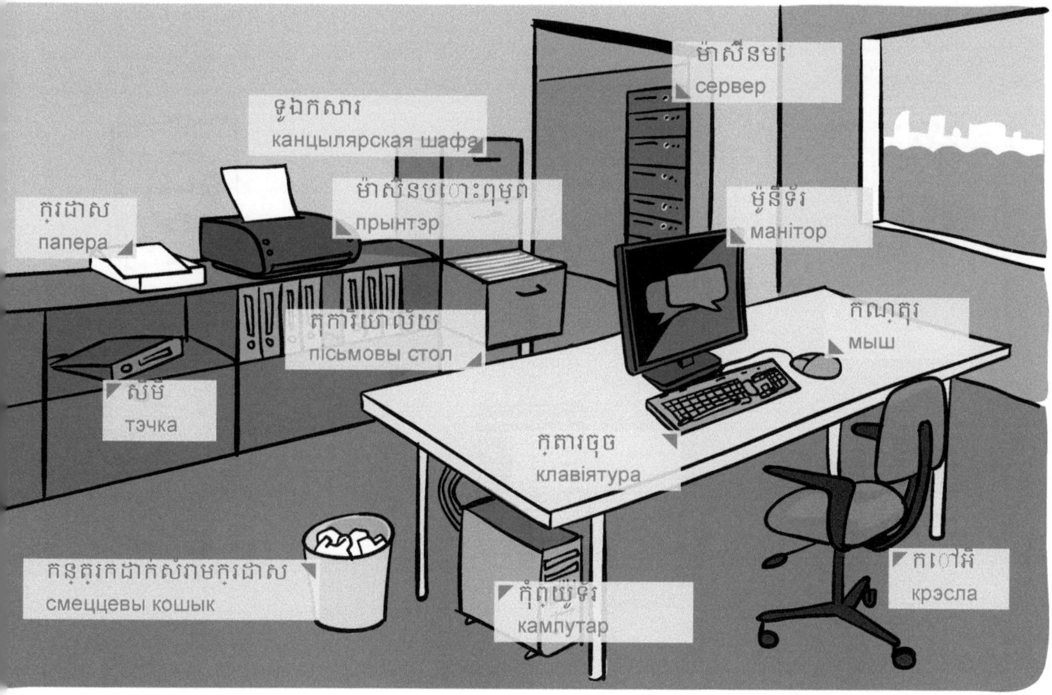

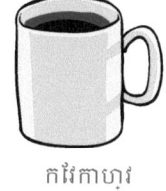

កែវកាហ្វេ

ак для кавы (філіжанка)

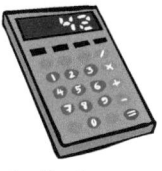

ម៉ាស៊ីនគិតលេខ

калькулятар

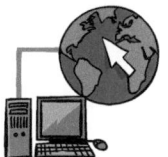

អ៊ីនធឺណិត

інтэрнэт

កុំព្យូទ័រយួរដៃ

ноўтбук

លិខិត

ліст

សារ

паведамленне

ទូរស័ព្ទដៃ

мабільны тэлефон

បណ្ដាញ

сетка

ម៉ាស៊ីនថតចម្លង

ксеракс

សូហ្វវែរ

праграмнае забеспячэнне

ទូរស័ព្ទ

тэлефон

ន្ដធជពោត

разетка

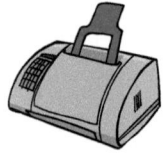

ម៉ាស៊ីនទូរសារ

факс

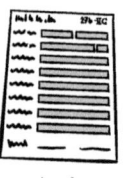

ទម្រង់បែបបទ

фармуляр

ឯកសារ

дакумент

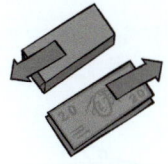

ទិញ

купляць

បង់ប្រាក់

плаціць

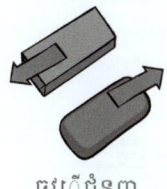

ធ្វរ៉េជំនួញ

гандляваць

លុយ

грошы

ប្រាក់ដុល្លារ

долар

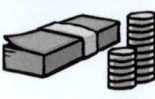

ប្រាក់អឺ៉រ៉

еўра

ប្រាក់យ៉ែន

ена

ប្រាក់រ៉ូបិល

рубель

ហ្វ្រង់ស្វ៉ីស

франк

ប្រាក់យ៉ាន់

кітайскі юань

ប្រាក់រ៉ូពី

рупія

កន្លែងដែលប្រេើសាច់ប្រាក់

банкамат

ការិយាល័យបតូរប្រាក់

абменны пункт

មាស

золата

ប្រាក់

срэбра

ប្រេង

нафта

ថាមពល

энергія

តម្លៃ

цана

កិច្ចសន្យា

кантракт

ពន្ធ

падатак

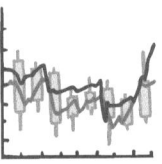

ភាគហ៊ុន

акцыя

ធ្វើការ

працаваць

បុគ្គលិក

служачы

និយោជក

працадаўца

រោងចក្រ

фабрыка

ហាង

крама

មុខរបរ

прафесіі

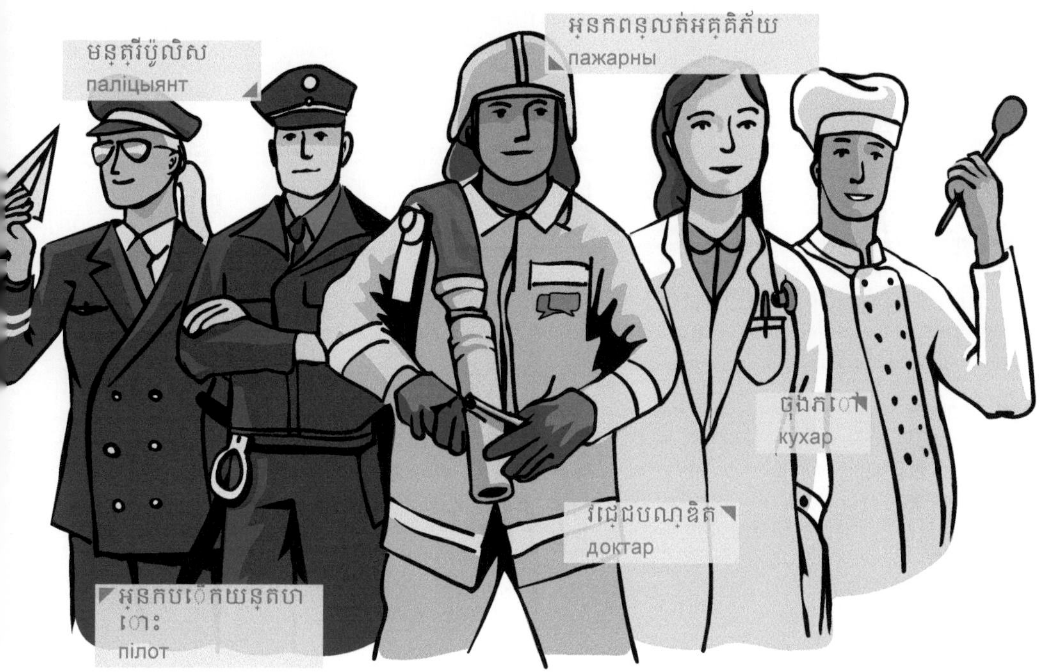

មន្ត្រីប៉ូលិស
паліцыянт
អ្នកពន្លត់អគ្គិភ័យ
пажарны
ចុងភៅ
кухар
វេជ្ជបណ្ឌិត
доктар
អ្នកបើកយន្តហោះ
пілот

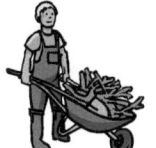

អ្នកថែសួន

садоўнік

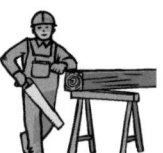

ជាងឈើ

слесар

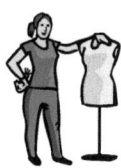

ជាងកាត់ដេរ

швачка

ចៅក្រម

суддзя

គីមីវិទូ

хімік

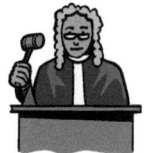

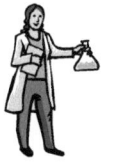

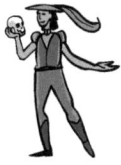

តួកុន

артыст

អ្នកបើកឡានក្រុង

кіроўца аўтобуса

អ្នកបើកតាក់សី

таксіст

អ្នកនេសាទ

рыбак

សុត្តីអ្នកសមុអាត

прыбіральшчыца

ជាងដំបូល

страхар

អ្នករត់តុ

афіцыянт

អ្នកបរបាញ់សត្វ

паляўнічы

វិចិត្រករ

мастак

អ្នកដុតនំ

пекар

ជាងអគ្គីសនី

электрык

ជាងសំណង់

будаўнік

វិស្វករ

інжынер

អ្នកកាប់សាច់

мяснік

ជាងជួសជុលទុយោរទឹក

сантэхнік

អ្នករត់សំបុត្រ

паштальён

ទាហាន

салдат

ស្ថាបត្យករ

архітэктар

បង្ខ្លៀ

касір

អ្នកលក់ផ្កា

фларыст

អ្នកអ៊ិតសក់

цырульнік

អ្នកយកលុយ

кандуктар

ជាងម៉ាស៊ីន

механік

កាពីទែន

капітан

ពទ្យឃធ្មេញ

стаматолаг

អ្នកវិទ្យាសាស្ត្រ

вучоны

គ្រូបង្រៀនច្បាប់សញ្ញាជាតិ
ជីហ៊ូវ

рабін

លោកសង្ឃចាម

імам

ព្រះសង្ឃ

манах

បព្ុជិត

святар

ឧបករណ៍

інструменты

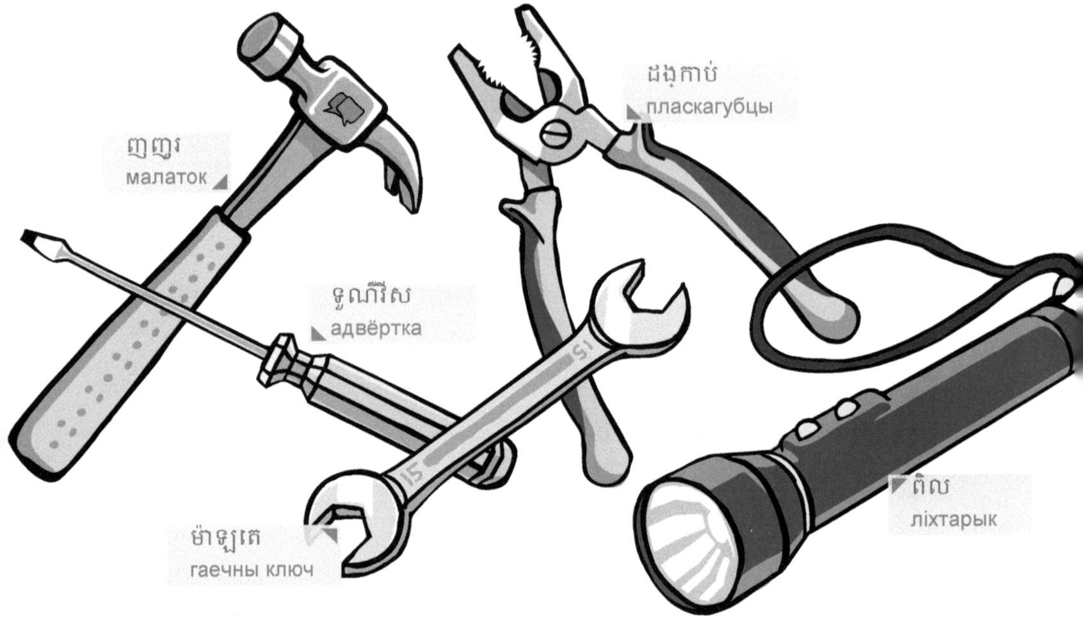

ញញួរ
малаток
ដង្កាប់
пласкагубцы
ទួណឺវីស
адвёртка
ម៉ាឡេត
гаечны ключ
ពិល
ліхтарык

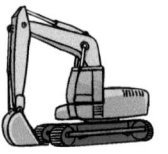

ម៉ាស៊ីនជីក

экскаватар

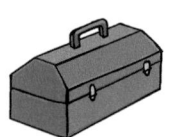

ប្រអប់ឧបករណ៍

скрыня для інструментаў

ជណ្ដើរ

дравіны

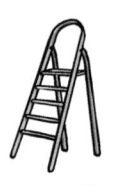

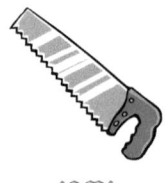

រណារ

піла

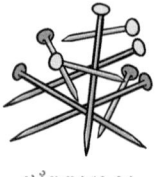

ដែកគោល

цвікі

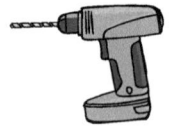

ប្រដាប់ស្វាន

дрыль

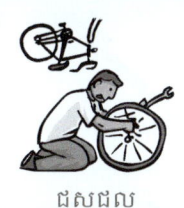

ជួសជុល

рамантаваць

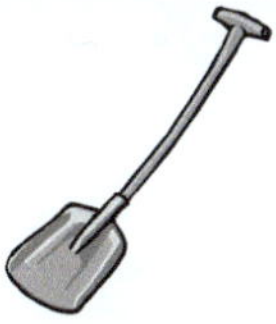

ប៉ែលៃ

рыдлеўка

ចង្រៃ!

Халера!

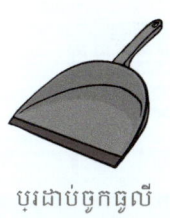

ប្រដាប់ចូកធូលី

шуфлік для смецця

ធុងថ្នាំពណ៌

вядро з фарбаю

វីស

балты

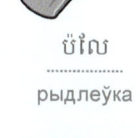

ឧបករណ៍តន្ត្រី

музычныя інструменты

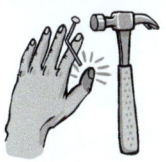

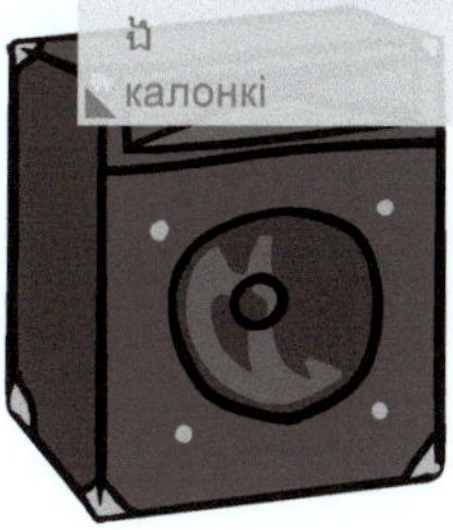
ឧបករណ៍បំពងសំឡេ
ង
калонкі

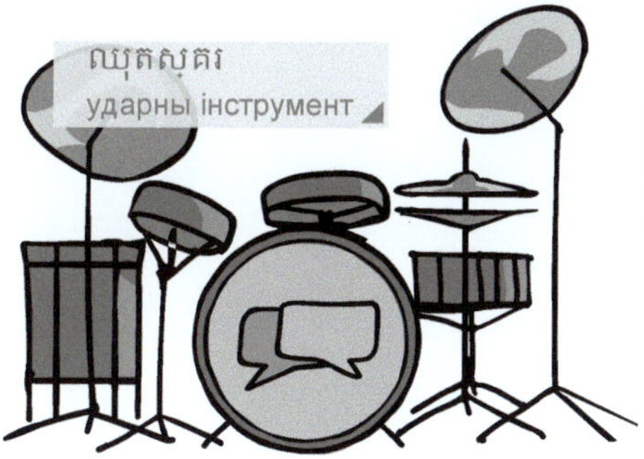
ឈុតស្គរ
ударны інструмент

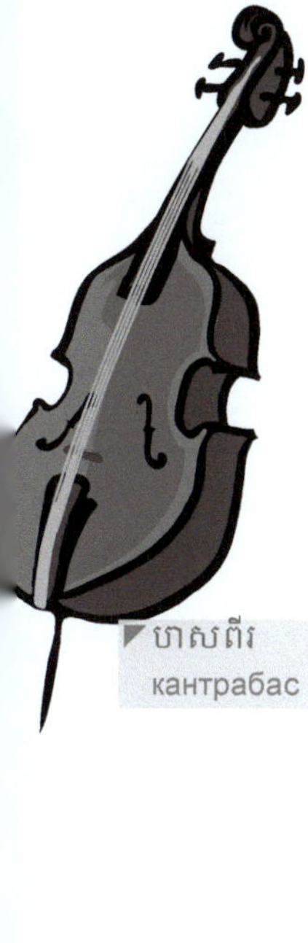

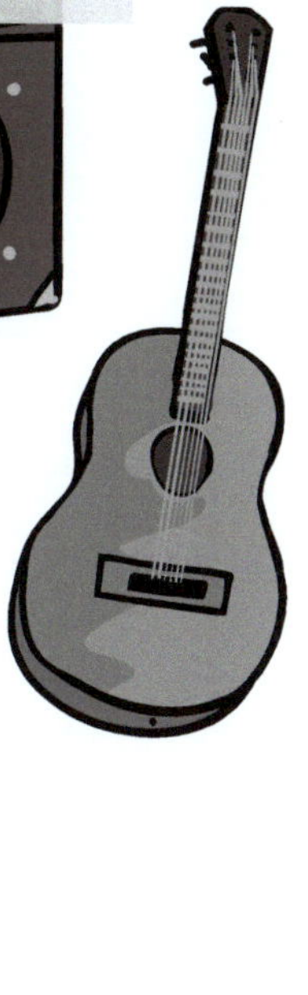
ហ្គីតា
гітара

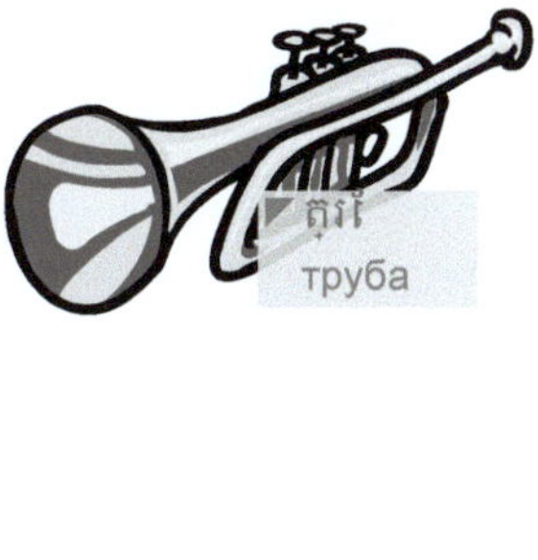
ត្រែ
труба

ហាសពីរ

кантрабас

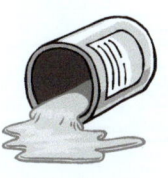

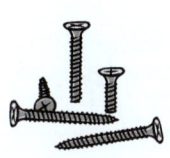

ពយាណូ

піяніна

វីយូឡ្យុង

скрыпка

ហាស

басгітара

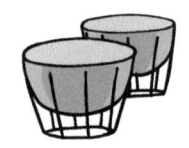

ស្គររពាលសុបកៃមុយ៉ាង

літаўры

ស្គរ

барабан

យ៉ឺបត

клавішны электрамузычны
інструмент

សាក់សូហ្វូន

саксафон

ខ្លុយ

флейта

មីក្រូហ្វូន

мікрафон

សត្វខ្លា
тыгр

ទ្រុង
клетка

សរៈបេងក្ដង់
зебра

ការខ្ញុំយដ្ឋណាំសត្វ
корм для жывёл

ចូរកេច្ចល់
уваход

ខ្លាឃ្មុំផ្ដនេដា
панда

សត្វ

жывёлы

សត្វដំរី

слон

សត្វកង់ហ្គូរ

кенгуру

សត្វរេមាស

насарог

សត្វស្វេរាហ្គរីវីឡ្ងា

гарыла

ខ្លាឃ្មុំពណ៌ត្នត្ទេត

мядзведзь

សត្វអូដ្ឋប

вярблюд

សត្វអូទ្រីស

стравус

សត្វតោ

леў

ស្វា

малпа

សត្វករៀល

фламінга

សកែ

папугай

ខ្លាឃ្មុំតំបន់ប៉ូល

белы мядзведзь

ផេនឃ្វីន

пінгвін

ត្រីឆ្លាម

акула

ក្ងោក

паўлін

សត្វពស់

змяя

ក្រពើ

кракадзіл

អ្នករក្សាសួនសត្វ

наглядчык заапарка

ឆ្មាទឹក

цюлень

ខ្លារខិនមុយ៉ាង

ягуар

ក្មនស៉ៈ

поні

ខ្លារខឹន

леапард

សត្វរំរីទឹក

бегемот

សត្វករវៃ

жыраф

ឥន្ទ្រី

арол

ជ្រូក

дзік

ត្រី

рыбак

អណ្តើកទឹក

чарапаха

ល្ហោមមចបា

морж

កញ្ជ្រោង

ліса

ក្ដាន់

газель

កីឡា
спорт

កីឡាបាល់ទាត់អាមេរិក — амерыканскі футбол

ការបុករាំងកង់ — веласпорт

កីឡាថ្នេស — тэніс

កីឡាបាល់បោះ — баскетбол

កីឡាហែលទឹក — плаванне

កីឡាវាយគ្គនបាល់លើទឹកកក — хакей з шайбай

កីឡាប្រដាល់ — бокс

កីឡាបាល់ទាត់	កីឡាវាយសី	អត្តពលកម្ម
футбол	бадмінтон	лёгкая атлетыка
កីឡាបាល់កាន់	ការជិះស្គី	ប៉ូឡូ
гандбол	горныя лыжы	пола

សកម្មភាពនានា

дзейнасць

សើច
смяяцца
លោត
скакаць
ឱប
абдымаць
ដើរ
ісці
ច្រៀង
спяваць
សុបិន្ត
марыць
អធិស្ឋាន
маліцца
ថើប
цалаваць

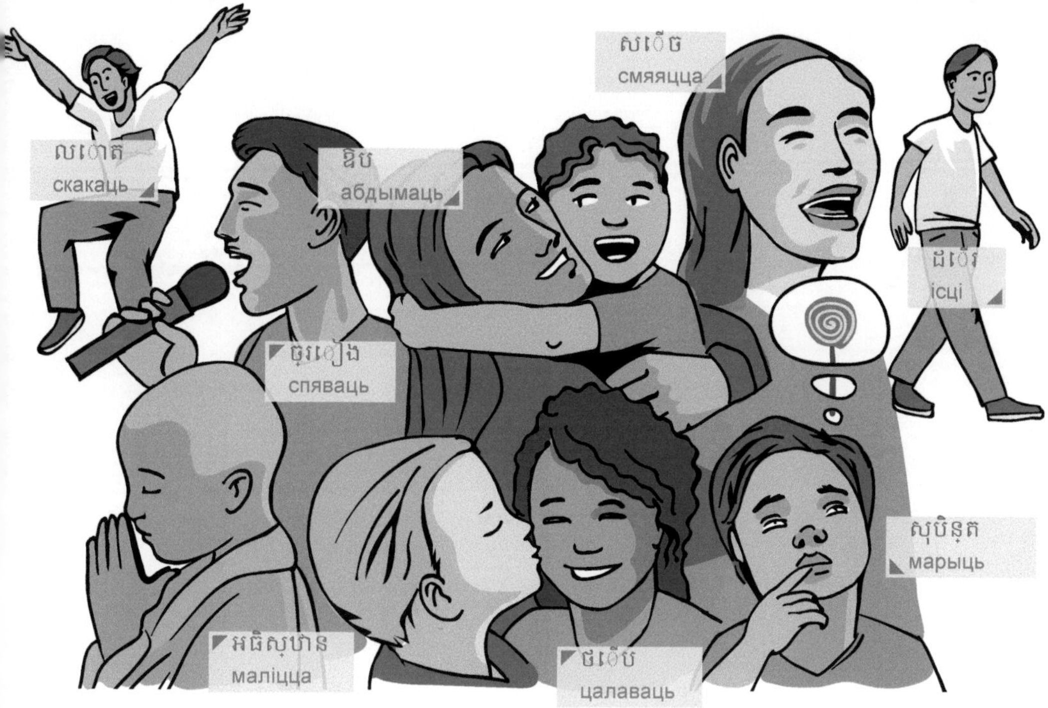

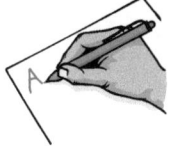

សរសេរ

пісаць

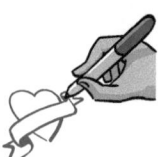

គូរ

маляваць

បង្ហាញ

паказваць

រុញ

націснуць

ឲ្យ

даваць

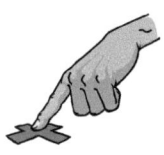

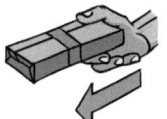

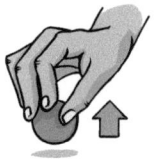

យក

браць

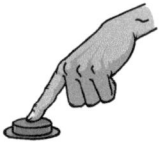

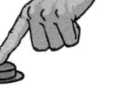

មាន

маць

ធ្វើ

выконваць

គឺ

быць

ឈរ

стаяць

រត់

бегчы

ទាញ

цягнуць

បោះ

кідаць

ធ្លាក់

падаць

កុហក

ляжаць

រង់ចាំ

чакаць

យូរ

насіць

អង្គុយ

сядзець

សួលៀកពាក់

апранацца

ដេក

спаць

ក្បាល់ឡ្យេីង

прачынацца

សកម្មភាពនានា - дзейнасць

មុមើល

глядзець

យ៉ំ

плакаць

គូសរាស

лашчыць

សិតសក់

прычэсвацца

និយាយ

гаварыць

យល់

разумець

សួរ

пытаць

ស្ដាប់

чуць

ផឹក

піць

បរិភោគ

есці

សម្អាត

прыбіраць

សុលាញ់

кахаць

ចម្អិន

гатаваць

បើកបរ

ехаць

ហោះ

ляцаць

ចកទូក

плаваць пад ветразем

គណនា

лічыць

អាន

чытаць

រៀន

вучыць

ធ្វើការ

працаваць

រៀបការ

уступаць у шлюб

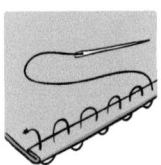

ដេរ

шыць

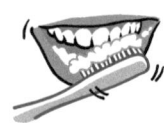

ដុសធ្មេញ

чысціць зубы

សម្លាប់

забіваць

ជក់

курыць

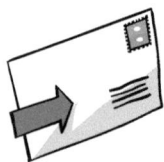

ផ្ញើ

пасылаць

សកម្មភាពនានា - дзейнасць

ជីដូន
бабуля

ជីតា
дзядуля

ឪពុក
бацька

មុតាយ
маці

ទារក
дзіця

កូនស្រី
дачка

កូនប្រុស
сын

ភ្ញៀរ
госць

មីង
цётка

ពូ
дзядзька

បងប្អូនប្រុស
брат

បងប្អូនស្រី
сястра

រាងកាយ

цела

ថ្ងាស
лоб
ភ្នែក
вока
មុខ
твар
ចង្កា
падбародак
ម្រាមដៃ
палец
ដៃ
рука
សុដន់
грудзі
ដៃ
рука
ស្មា
плячо
ជើង
нага

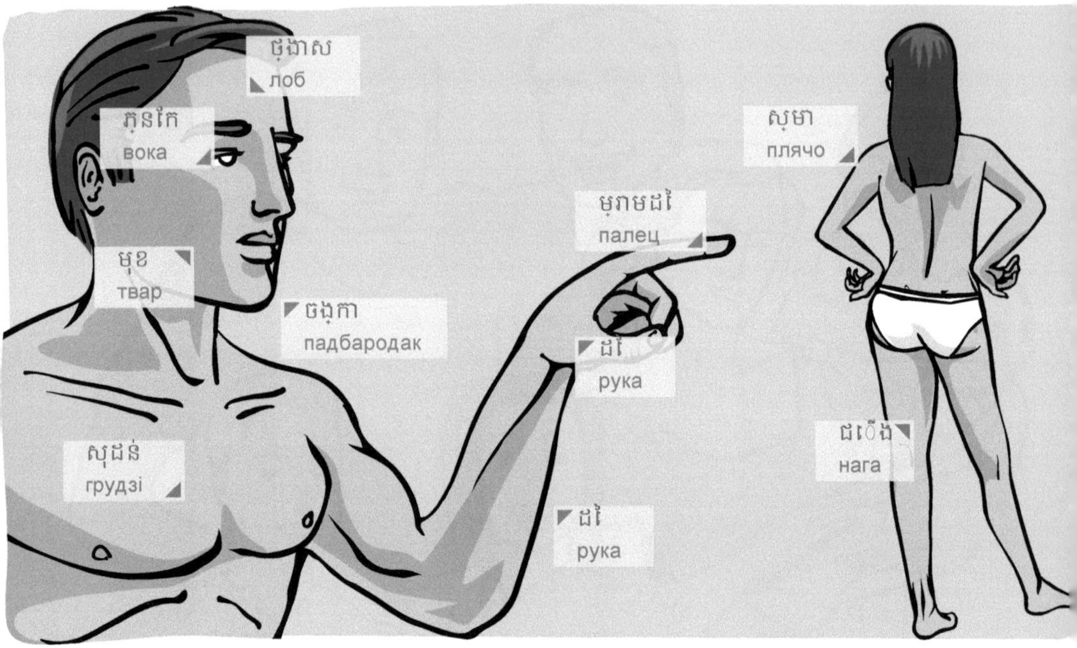

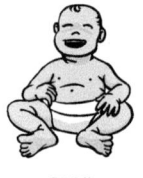

ទារក
дзіця

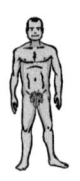

បុរស
мужчына

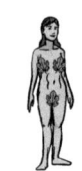

ស្ត្រី
жанчына

ក្មេងស្រី
дзяўчынка

ក្មេងប្រុស
хлопчык

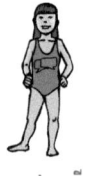

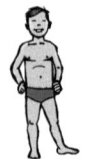

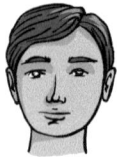

ក្បាល
галава

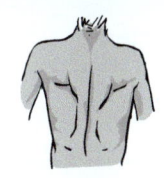

ខ្នង

спіна

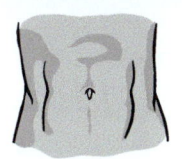

ពោះ

жывот

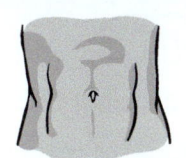

ផ្ចិត

пуп

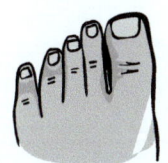

ម្រាមជើង

палец нагі

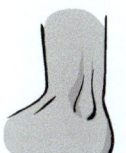

កែងជើង

пятка

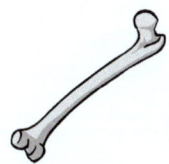

ឆ្អឹង

костка

គូទគាក

бядро

ជង្គង់

калена

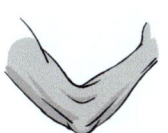

កែងដៃ

локаць

ច្រមុះ

нос

គូទ

ягадзіца

ស្បែក

скура

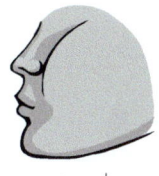

ថ្ពាល់

шчака

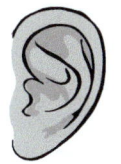

ត្រចៀក

вуха

បបូរមាត់

губа

មាត់

рот

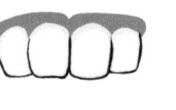

ធ្មេញ

зуб

អណ្ដាត

язык

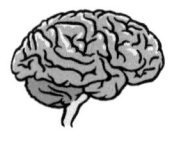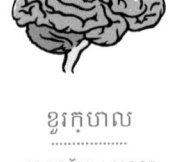

ខួរក្បាល

галаўны мозг

បេះដូង

сэрца

សាច់ដុំ

мышца

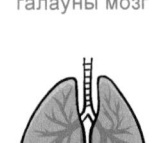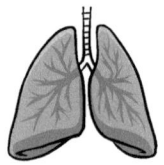

សួត

лёгкае

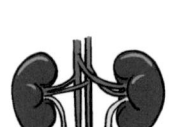

ថ្លើម

пячонка

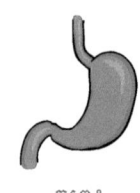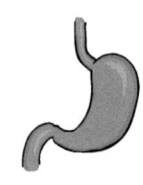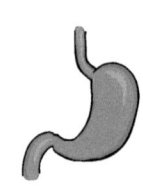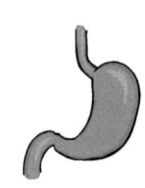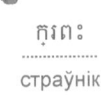

ក្រពះ

страўнік

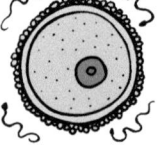

តម្រងនោម

ныркі

ការរួមភេទ

сэкс

ស្រោមអនាម័យ

прэзерватыў

អូវុល

яйцаклетка

ទឹកកាម

сперма

ការមានផ្ទៃពោះ

цяжарнасць

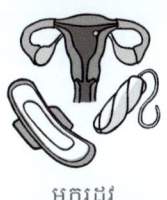

មករដូវ
....
менструацыя

ទ្វាមាស
....
похва

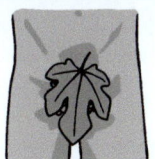

លិង្គ
....
пеніс

ចិញ្ចើមៃ
....
брыво

សក់
....
валасы

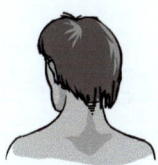

ក
....
шыя

មន្ទីរពេទ្យ

шпіталь

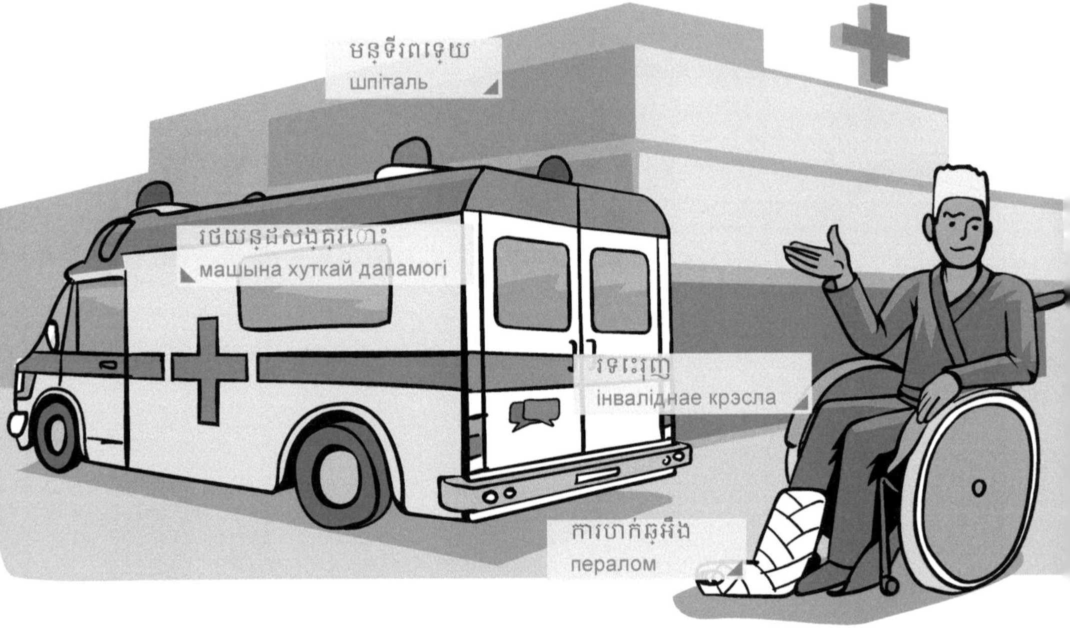

មន្ទីរពេទ្យ
шпіталь
រថយន្តសង្គ្រោះ
машына хуткай дапамогі
រទេះរុញ
інваліднае крэсла
ការបាក់ឆ្អឹង
пералом

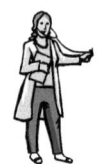

វេជ្ជបណ្ឌិត

доктар

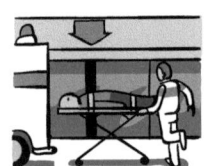

បន្ទប់សង្គ្រោះបន្ទាន់

аддзяленне першай дапамогі

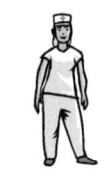

គិលានុបដ្ឋាយិកា

медсястра

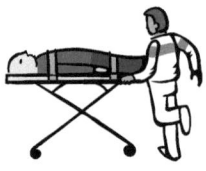

សង្គ្រោះបន្ទាន់

экстраная дапамога

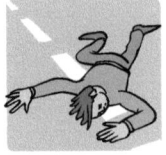

សន្លប់

непрытомны

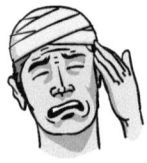

ការឈឺចាប់

боль

ការរងរបួស

траўма

ការហូរឈាម

крывацёк

គាំងបេះដូង

інфаркт

មុឌឌាច់សរសេឈាមកុនុង
ក្បាល

апаплексія

អាលែកហ្សី

алергія

ក្អក

кашаль

ជំងឺគ្រុន

гарачка

ជំងឺផ្តាសាយ

грып

ជំងឺរាគរូស

панос

ឈឺក្បាល

галаўны боль

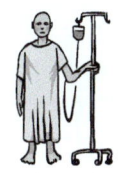

ជំងឺមហារីក

рак

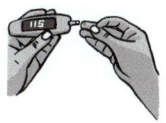

ជំងឺទឹកនោមផ្អែម

дыябет

គ្រូពេទ្យវះកាត់

хірург

កាំបិតវះកាត់

скальпель

បុរេគ្បិបត្ដិការ

аперацыя

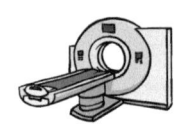

CT

КТ

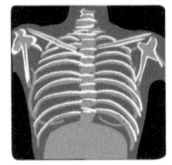

កាំស្មើមអិច

рэнтген

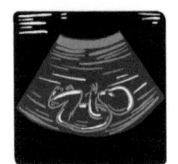

អេក្ស

ультрагук

របាំងមុខ

маска

ជំងឺ

хвароба

របង់ចាំបន្ទប់

пачакальня

ឈើច្រត់

мыліца

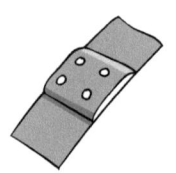

មុនាងសិលា

пластыр

បង់រុំ

бінт

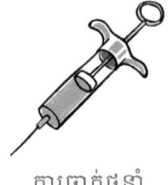

ការចាក់ថ្នាំ

ін'екцыя

ស្ដេ្ដ

стэтаскоп

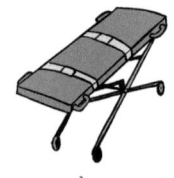

ស្នូនៃងប្រូស

насілкі

ទែម្មែតែក្តៅពេទ្យយាហាល

градуснік

កំណើត

нараджэнне

លើសទម្ងន់

лішняя вага

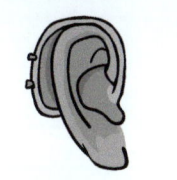

ឧបករណ៍ជំនួយការស្ដាប់

слухавы апарат

សារធាតុសម្លាប់មេរោគ

дэзінфекцыйны сродак

ការឆ្លងមេរោគ

інфекцыя

មេរោគ

вірус

មេរោគអេដស៍ / ជំងឺអេដស៍

ВІЧ/СНІД

ថ្នាំពេទ្យ

лекі

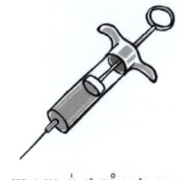

ការចាក់ថ្នាំបង្ការ

прышчэпка

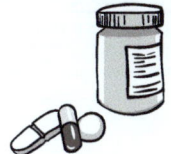

ថ្នាំគ្រាប់

таблеткі

ថ្នាំគ្រាប់

супрацьзачаткавая
таблетка

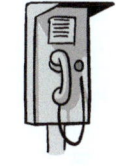

ការហៅពេលអាសន្ន

экстраны выклік

ឧបករណ៍ពិនិត្យសម្ពាធ
ឈាម

танометр

ឈឺ / មានសុខភាពល្អ

хворы / здаровы

ជំនួយ!

Ратуйце!

សំឡេងរោទ៍

сігналізацыя

ការវាយលុក

напад

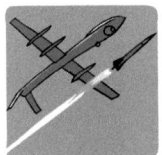

ការវាយបុរហារ

атака

គ្រោះថ្នាក់

небяспека

ច្រកចេញគ្រោអាសន្ន

аварыйны выхад

អគ្គីភ័យ!

Пажар!

បំពង់ពន្លត់អគ្គិភ័យ

вогнетушыцель

គ្រោះថ្នាក់

аварыя

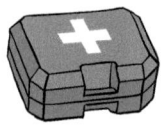

ឧបករណ៍ជំនួយបឋម

аптэчка

SOS

COC

ប៉ូលិស

паліцыя

អឺរុប

Еўропа

អាមេរិកខាងជើង

Паўночная Амерыка

អាមេរិកខាងត្បូង

Паўднёвая Амерыка

អាហ្វ្រិក

Афрыка

អាសី

Азія

អូស្ត្រាលី

Аўстралія

អាត្លង់ទិច

Атлантычны акіян

ប៉ាស៊ីហ្វិក

Ціхі акіян

មហាសមុទ្រឥណ្ឌា

Індыйскі акіян

មហាសមុទ្រអង់តាក់ទិច

ѝднёвы ледавіты акіян

មហាសមុទ្រអាកទិច

Паўночны ледавіты акіян

ប៉ូលខាងជើង

Паўночны полюс

ប៉ូលខាងត្បូង

Паўднёвы полюс

អង់តាកទិក

Антарктыда

ផែនដី

Зямля

ដីគោក

краіна

សមុទ្រ

мора

កោះ

вострау

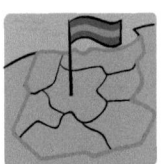

បុរទេសជាតិ

нацыя

រដ្ឋ

дзяржава

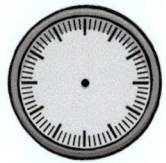

មុខនាឡិកា

цыферблат

ទ្រនិចម៉ោង

гадзінная стрэлка

ទ្រនិចនាទី

хвілінная стрэлка

ទ្រនិចវិនាទី

секундная стрэлка

ម៉ោងប៉ុន្មាន?

Колькі часу?

ថ្ងៃ

дзень

ពេលវេលា

час

ឥឡូវនេះ

зараз

នាឡិកាឌីជីថល

электронны гадзіннік

នាទី

хвіліна

ម៉ោង

гадзіна

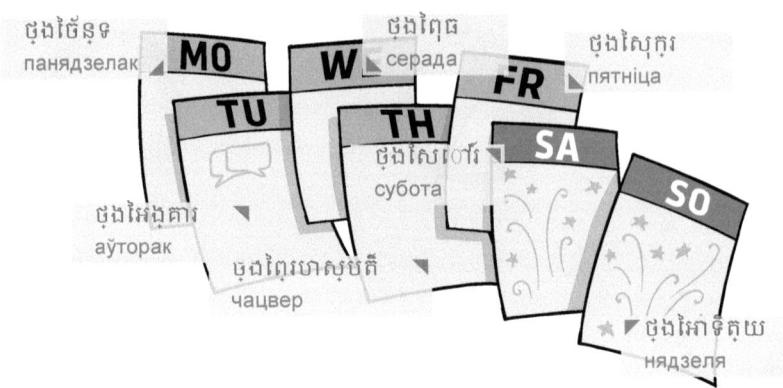

ថ្ងៃចន្ទ
панядзелак

ថ្ងៃពុធ
серада

ថ្ងៃសុក្រ
пятніца

ថ្ងៃអង្គារ
аўторак

ថ្ងៃសៅរ៍
субота

ថ្ងៃព្រហស្បតិ៍
чацвер

ថ្ងៃអាទិត្យ
нядзеля

មុសិលមិញ
ўчора

ថ្ងៃនេះ
сёння

ថ្ងៃស្អែកកែ
заўтра

ពុំវីក
раніца

ថ្ងៃត្រង់
абед

ល្ងាច
вечар

ថ្ងៃធ្វើការ
працоўныя дні

ថ្ងៃសប្តាហ៍
выхадныя

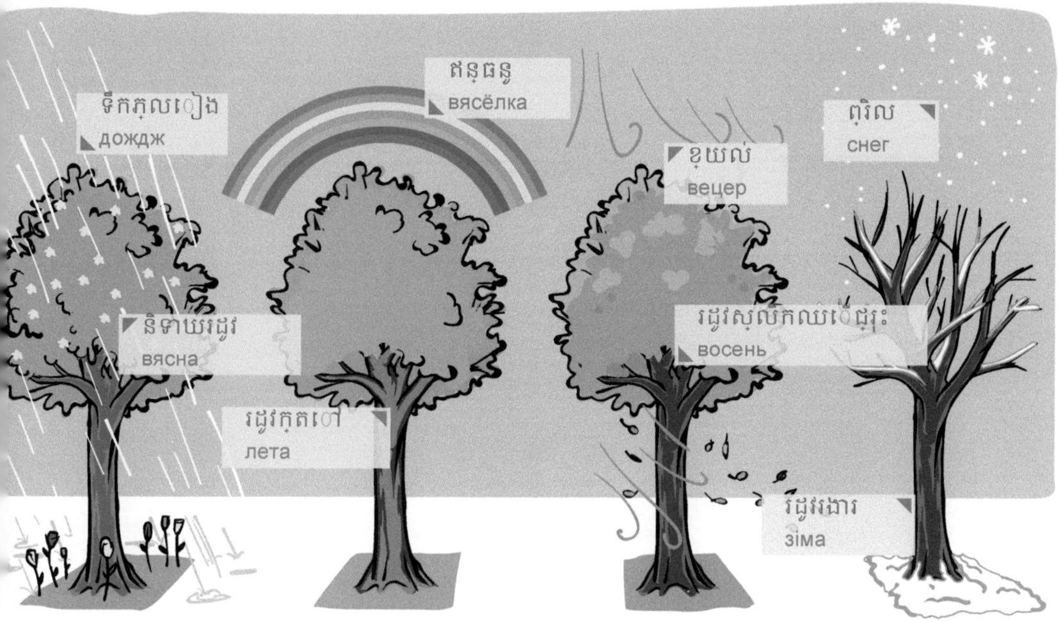

ទឹកភ្លៀង
дождж
ឥន្ធនូ
вясёлка
ព្រិល
снег
ខ្យល់
вецер
និទាឃរដូវ
вясна
រដូវស្លឹកឈើជ្រុះ
восень
រដូវក្តៅ
лета
រដូវរងារ
зіма

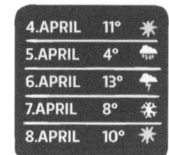

4.APRIL 11°
5.APRIL 4°
6.APRIL 13°
7.APRIL 8°
8.APRIL 10°

ារព្យាករណ៍អាកាសធាតុ
....
прагноз надвор'я

F C
120 90 60 30 0 -30
40 30 20 10 0 -10 -20

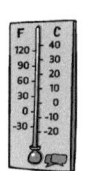

ទែម៉ូម៉ែត្រ
....
градуснік

ពន្លឺថ្ងៃ
....
сонечнае святло

ពពក
....
воблака

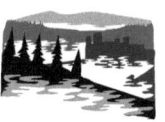

អ័ព្ទ
....
туман

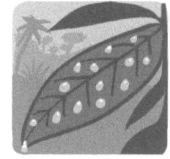

សំណើម
....
вільготнасць паветра

រន្ទះ
....
маланка

ផ្គរ
....
гром

ព្យុះ
....
бура

ព្រិល
....
град

ខ្យល់មូសុង
....
мусонны вецер

ទឹកជំនន់
....
прыліў

ទឹកកក
....
лёд

ខែមករា
....
студзень

ខែកុម្ភៈ
....
люты

ខែមីនា
....
сакавік

ខែមេសា
....
красавік

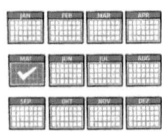

ខែឧសភា
....
май

ខែមិថុនា
....
чэрвень

ខែកក្កដា
....
ліпень

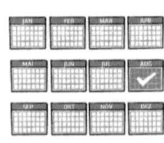

ខែសីហា
....
жнівень

ខែកញ្ញា

верасень

ខែតុលា

кастрычнік

ខែវិច្ឆិកា

лістапад

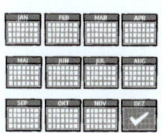

ខែធ្នូ

снежань

រាង

формы

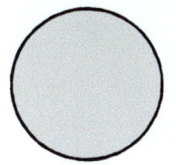

រង្វង់

круг

ការ៉េ

квадрат

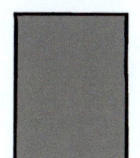

ចតុកោណកែង

прамавугольнік

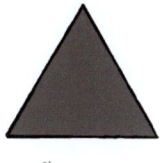

ត្រីកោណ

трохвугольнік

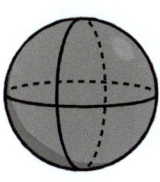

ស្វ៊ែរ

шар

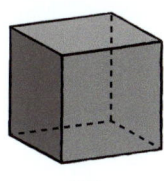

គូប

куб

ពណ៌ស

белы

ពណ៌លឿង

жоўты

ពណ៌ទឹកក្រូច

аранжавы

ពណ៌ផ្កាឈូក

ружовы

ពណ៌ក្រហម

чырвоны

ពណ៌ស្វាយ

фіялетавы

ពណ៌ខៀវ

сіні

ពណ៌បៃតង

зялёны

ពណ៌ទឹកក្រូច

карычневы

ពណ៌ប្រផេះ

шэры

ពណ៌ខ្មៅ

чорны

ចុរវៃន / តិចតួច

шмат / мала

ខឹង / គួរជាក់ចិត្ត

злы / добры

ស្អស់ស្អាត / អាក្រក់

прыгожы / брыдкі

ចាប់ផ្ដុតឡើម / បញ្ចប់

пачатак / канец

ធំ / តូច

высокі / малы

ភ្លឺ / ងងឹត

светлы / цёмны

ងបុអ្នបុរស / បងបុនស្រី

сястра / брат

ស្អាត / កខ្វក់

чысты / брудны

ពេញលេញ / មិនពេញលេញ

поўны / няпоўны

ថ្ងៃ / យប់

дзень / ноч

ស្លាប់ / នៅរស់

мёртвы / жывы

ធំទូលាយ / តូចចង្អៀត

шырокі / вузкі

អាចបរិភោគបាន /
មិនអាចបរិភោគបាន

ядомы / неядомы

ចិត្តអាក្រក់ / ចិត្តល្អ

злы / добры

ការវិភេ្ជីប / អផ្សុក

узбуджаны / нудны

ធាត់ / ស្គម

тоўсты / тонкі

ដំបូង / ចុងក្រោយ

першы / апошні

មិត្តភក្តិ / សត្រូវ

сябар / вораг

ពេញ / ទទេ

поўны / пусты

រឹង / ទន់

цвёрды / мяккі

ធ្ងន់ / ស្រាល

важкі / лёгкі

ភាពអត់ឃ្លាន /
ការស្រេកឃ្លាន

голад / смага

ឈឺ / មានសុខភាពល្អ

хворы / здаровы

ខុសច្បាប់ / ត្រូវច្បាប់

нелегальны / легальны

ឆ្លាតវៃ / ឆ្កួត

разумны / дурны

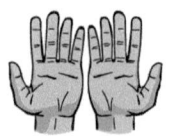

ឆ្វេង / ស្តាំ

левы / правы

ជិត / ឆ្ងាយ

побач / далёка

ថ្មី / ហានប្បររើ

новы / былы ва ўжыванні

គ្មានអ្វីសោះ / អ្វីម្យ

нічога / нешта

ចាស់ / កុមេង

стары / малады

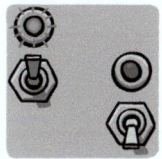

បេីក / បិទ

укл / выкл

បេីក / បិទ

адчынены / зачынены

ស្ងប់ស្ងាត់ / ឮខ្លាំង

ціхі / гучны

មាន / ក្រ

багаты / бедны

គ្រវ / ខុស

правільна / няправільна

គ្រេីម / រលេាង

шурпаты / гладкі

ពិហាកចិត្ត / សប្បាយចិត្ត

сумны / шчаслівы

ខ្លី / វែង

кароткі / доўгі

យឺត / លឿន

павольны / хуткі

សេីម / ស្ងួត

вільготны / сухі

ក្ដៅ / ត្រជាក់

цёплы / халаднаваты

សង្គ្រាម / សន្តិភាព

вайна / мір

лічбы

0	**1**	**2**
សូន្យ	មួយ	ពីរ
нуль	адзін	два
3	**4**	**5**
បី	បួន	ប្រាំ
тры	чатыры	пяць
6	**7**	**8**
ប្រាំមួយ	ប្រាំពីរ	ប្រាំបី
шэсць	сем	восем
9	**10**	**11**
ប្រាំបួន	ដប់	ដប់មួយ
дзевяць	дзесяць	адзінаццаць

12
ដប់ពីរ
dванаццаць

13
ដប់បី
трынаццаць

14
ដប់បួន
чатырнаццаць

15
ដប់ប្រាំ
пятнаццаць

16
ដប់ប្រាំមួយ
шаснаццаць

17
ដប់ប្រាំពីរ
сямнаццаць

18
ដប់ប្រាំបី
васямнаццаць

19
ដប់ប្រាំបួន
дзевятнаццаць

20
ម្ភៃ
дваццаць

100
រយ
сто

1.000
ពាន់
тысяча

1.000.000
លាន
мільён

អង់គ្លុលសេ

англійская

អង់គ្លុលសេអាមរិក

англійская (Амерыка)

ចិនកុកងឺ

кітайская мандарынская

ហិណ្ឌខ្ខ

хіндзі

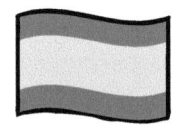

អស្ប៉ាញ

іспанская

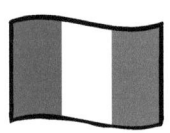

ហារំង

французская

អារ៉ាប់

арабская

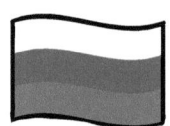

រុស្សី

руская

ព័រទុយហ្គាល់

партугальская

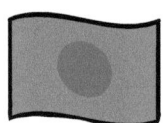

បង់ក្លាដែស

бенгальская

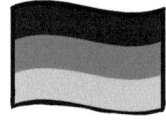

អាល្លឺម៉ង់

нямецкая

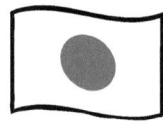

ជប៉ុន

японская

ខ្ញុំ

я

អ្នក

ти

គាត់ / នាង / វា

ён / яна / яно

យើង

мы

អ្នក

вы

ពួកគេហាន

яны

នរណា?

хто?

អ្វី?

што?

របៀបណា?

як?

កន្លែងណា?

дзе?

ពេលណា?

калі?

ឈ្មោះ

імя

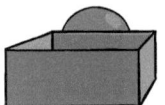

ពីក្រោយ

за

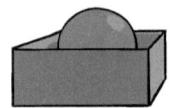

ក្នុង

у

ពីមុខ

перад

ពីលើ

над

នៅលើ

на

នៅក្រោម

пад

នៅក្បែរ

каля

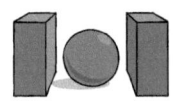

រវាង

паміж

កន្លង់ដៃ

месца